世界を動かした「偽書《フェイク》」の歴史

中川右介
Nakagawa Yusuke

KKベストセラーズ

はじめに

「政府はウソばかり発表する」「政治家の言うことなんか信用できない」「マスコミに騙されるな」などと言われれば、なるほどと思ってしまう。しかし「政府発表はウソばかり」「政治家は信用できない」「マスコミに騙されるな」と叫ぶ人を、はたして信用できるのかというと、もっと信用できないケースのほうが多い。

そう――世の中はウソだらけである。ネット社会になって、ますますフェイクは増えるだろう。

何が信用できるのか、誰を信用していいのか――実はこういう問題は、大昔からあった。インターネットの普及で、より多くのウソとデマと捏造が瞬時に広範囲に拡散するようになっただけの話で、ひとは古来から騙されてきた。

「ウソ」というものは、おそらく人類が言語というコミュニケーション手段を会得したときから生まれている。

ベストセラーとなっているユヴァル・ノア・ハラリ著『サピエンス全史』

（柴田裕之訳、河出書房新社）にはこんな一節がある。サピエンス（人間）と他の生物とが異なるのは、「虚構」を語る能力だという。〈虚構、すなわち架空の事物について語ること。この能力こそが、サピエンスの言語の特徴として異彩を放っている。〉

その「虚構」のおかげで、〈私たちはたんに物事を想像するだけでなく、集団でできるようになった〉というのだ。

人間はウソをつく生き物であるという前提で、私たちは生きている。誰だって、日常生活においてささいなウソはついている。冗談も言えない社会は息苦しい。

だいたい小説や映画、テレビドラマも演劇も、あるいは歌だって、フィクションなのだから、ウソのひとつだ。これらは、受け手が「これはフィクション＝ウソ」と分かったうえで楽しんでいる。ウソは人類が発明した最大の娯楽なのだ。ウソをつく才能がいいほうにいかされたのが作家や俳優という職業なのだ。

古来、「文書」というものは「信用できる記録」として認識されてきた。

いまのように紙が安価で大量に作れない時代は、重要なことのみが文書として遺されていたから、なおさら「書かれていること」の信頼性は高い。

いまも、ネットよりは紙に印刷された新聞や雑誌や書籍のほうが信頼性が高いと思われているのは、「書く」だけならネットに書くのと同じ手間だが、印刷して製本して流通させる手間とコストをかけてまでウソをつくはずがないと、漠然と思われているからだろう。

こういう「紙に書かれたもの」への信頼を逆手に取ったのが「偽書」と呼ばれるものだ。フェイクニュースの元祖とも言うべきもので、日本のみならず世界各国にある。

政治を動かし、結果として何百万人もの命を奪うきっかけとなる「偽書」もあれば、マニアックな世界内で混乱を招いた「偽書」もあるし、いまとなっては笑い話ですむような「偽書」もある。

本書では二十九の古今東西の「偽書」を挙げ、それがどのように世に出て、信じられ、「偽書」と暴かれたかを紹介する。

なかには、「偽書」と知らないで読んでいた本もあると思う。この世界は奥が深く、「偽書」と断定できないものもまだけっこうあるのだ。

偽書作家が「偽書」を作る理由はさまざまだ。金目当て、政治活動、宗教活動、売名、イタズラ、虚栄心、あるいは自分で自分の嘘を信じ込んでいる場合もある。

人が「偽書」を作る動機はさまざまだが、それで大儲けした人は、あまりいない。いわゆる愉快犯が多い。いまのフェイクニュースの多くも、経済的利益を目的としないものが多い点で似ている。

政治家は、大衆を騙すフェイクニュースの発信者であるケースもあるが、実は、「偽書」に騙されやすい人びとでもある。時として「偽書」を信じた権力者により、とんでもない禍《わざわい》が生じることもある。ヒトラーのナチスによるホロコーストが「偽書」によって生まれたと知ったら、驚くであろう。「偽書」には、それだけの悪魔的な力があるのだ。

インターネットの普及によって、誰もが情報発信者になれ、情報の伝達者にもなれるようになった。テレビや新聞で宣伝するよりもはるかに安いコストで商品を知らせることができるし、出版社が出してくれない小説を自分のブログで公開して読んでもらうこともできる。ユーチューブからは多くのヒット曲やミュージシャンが生まれている。

何かを発表したい、表現したい人びとにとっては、ありがたい世の中となった。

これは、「偽書」を作りたい人にとっても、ありがたい世の中なのだ。これまでの偽書は、「紙」が信頼性を持っていたのを逆手に取り、あくまで「紙に書かれた文書」として出没したが、これからはネット空間での「偽書」(すなわち、フェイクニュース)がますます増えるであろう。

人間は権威に弱い。国王とか政治家とか学者などによる文書には騙されやすい。普段は、学者なんて信用できないと言っている人ほど騙される。

フェイクの創作者は、人びとの欲望、嫉妬、好奇心といった、卑しいところをついてくる。そういうものを持たない人はいないから、誰もが騙される可能性を持っている。

フェイクの恐ろしさは、拡散されるにつれて創作した本人が予想もしない展開をみせていくことだ。

巷にたくさんあるフェイクニュースに騙されないためには、人類がいかに

「偽書」に騙されてきたかを知る必要がある。フェイクニュースの真贋を見抜く眼力を養うために本書を役立てていただきたい。

――というのはもちろん本音だが、実は、もうひとつの本音もある。「偽書」は「読み物」として面白いのである。もちろん、「偽書」と知ったうえでの話だが、多くの人が騙されるだけあって、実によくできている。

そういうわけで、不謹慎かもしれないが、本書は「面白い本」のガイドブックでもある。

世界を動かした「偽書《フェイク》」の歴史◎目次

第二部 専門家ほど騙される偽書

序章

偽書とは何か――虚構《フィクション》と偽書《フェイク》の違い

そもそも「偽書」とはなんであろうか。

まず、「紙に書かれたもの」である。最近はネットも含めた電子媒体にもフェイクは満ち溢れているが、この本で扱うのは、基本的には「紙」だ。市販の出版物となっているものもあれば、手書きの文書もある。

「偽書」にはウソが書かれているケースが多いが、ウソが書かれた文書のすべてが「偽書」ではない。そんなことをしたら小説はみな「偽書」になってしまう。「これはフィクション」だと書き手も読み手も了解しているのであれば、どんなウソが書かれていようが、それは偽書ではない。

したがって、宇宙人が登場するＳＦは偽書ではないが、「私は宇宙人に会った」という「真実の体験記」は偽書になる。

「これはフィクション＝ウソです」と断り書きがあれば偽書ではなく、「これは真実です」という触れ込みでフィクションが書かれていれば「偽書」になるのだ。さらに、たとえ

「事実」が書かれていたとしても、その文書の成立過程が虚偽であったのなら、「偽書」になる。

「偽書」とは、基本的に「その文書や書物を書いたとされる人物（必ずしも個人とは限らず、組織や国の場合もある）が、書いたものではない文書」でもある。

分かりやすいのが、有名作家の贋作《がんさく》だ。絵画の世界のほうが贋作事件は多い。というより、美術界の事件の大半が贋作事件なので、まさにフェイクだらけの世界である。この美術界の贋作を題材にしたのがコミック『ギャラリーフェイク』（細野不二彦著、小学館）だ。有名な画家の知られざる作品が発見されたと持ち込まれ高額で買い取ったらニセモノだったという話は、美術界では多いので、鑑定する専門職が必要とされる。

「本」の世界で似た例としては、「有名作家の未発表の原稿が発見された」というものがある。この本でもシェイクスピアのそういう作品をめぐるエピソードを紹介するが、そこでは書かれている内容が事実かどうかは問われない。もともとフィクションだからだ。その原稿を「シェイクスピアが書いた」というのがウソだったので、それは「偽書」となるのだ。

では、誰が書いたのか分からないし、どこまで事実かも分からない「神話」が書かれた文書はどう判断したらいいのだろう。

戦前の日本では、初代天皇・神武天皇は実在することになっていたが、こんにちの歴史学では実在しないという結論が出ている。それならば、神武天皇について書かれている日本最古の歴史書『古事記』『日本書紀』は「偽書」なのかというと、そうではない。この二つの書は書かれている内容に「事実」とは思えない部分があるにしろ、書いたとされる人間が書いたであろうと思われる点で、「偽書」ではないのだ（ところが、『古事記』には「偽書」説もあり、この本でもふれる）。

それはキリスト教の『聖書』も同じだ。

エデンの園のアダムとイヴが実在し、ノアの方舟の物語は歴史的事実だと信じている人は、キリスト教徒のなかにも少ない。『旧約聖書』の創生期の物語が虚構だということは、いわば常識である。さらに『新約聖書』にあるイエス・キリストについても、十字架にかけられて死んだのに生き返ったとか、水の上を歩いたとか、病気を治したとか、信者ではない者が読めば、とうていフィクションとしか思えないことが書かれている。極論を言えば、イエス・キリストが実在したかどうかだって証明できないのだ。信じるしかない。

大昔のことが書かれた文書の場合、その内容が事実かどうかの証明はほとんどできない。ノアの方舟の物語はモデルとなった大洪水が実際にあったのかもしれないが、証明はできない。『聖書』には荒唐無稽な近代科学の観点からはありえない話がいくつも出てくるが、だからといって「偽書」ではない。

しかし、その『聖書』をめぐっても偽書事件はある。『聖書』の原本は存在しないが、何度にもわたり写本が作られていった。ところが、写本と伝えられるなかにはニセモノのある可能性も高く、もしニセモノであれば、それは「偽書」となる。「死海文書」と呼ばれている一九四七年に死海の北西、ヨルダン川西岸地区のヒルベト・クムラン遺跡周辺で発見された写本群は、偽書説もあったのだ。

「偽書」の特徴としては、「複製物（写本）が発見された」として世に出るケースが多く、その場合、たいがいは「オリジナルは現存しない」あるいは「誰にも見せてはならない」というルールがある。

そして、発見者は「偽書」であるかどうかの鑑定を望まない。積極的に、その文書が「本物」であると主張しないのだ。彼らは「本物」と認めてもらう必要は感じない。「偽物」と断定されなければいいのだ。そのため真贋鑑定には消極的となる。

そしてたいがいの偽書作成者は偽書だと認めないまま、姿を消してしまい、「永遠の謎」となる。

「偽書」には最初からフィクションだとして発表すれば、面白い内容なので作者が作家《クリエーター》としてもてはやされた可能性のあるものも多い。しかし、「偽書」作成者は、フィクションの才能を認めてほしいのではなく、ひとを騙し通すことが面白いようだ。

このように、「偽書」たちは、一筋縄ではいかない。

読み解き、「偽書」と断定するには、かなりの労力と知力と忍耐を必要とする。それならば無視すればいいのにと思うだろう。だが無視できないのが「偽書」の魔力なのだ。

第一部
歴史を変えた五つの偽書

現在の各国の指導者のなかには、自らフェイクニュースを発信して国民の支持を得ようとしている者もいるが、騙しているつもりが騙されていることもありえる。歴史をひもとくと、政治家たちが偽書に騙され、その結果、戦争につながる悲劇が起きたこともあるのだ。

第一部では偽書の恐ろしさを知っていただくために、偽書が歴史を変えた例を紹介する。ナチスのホロコーストの遠因となる『シオン賢者の議定書』、日中戦争・太平洋戦争のきっかけとなった「田中上奏文」、ローマ教皇がヨーロッパを支配できる根拠となった「コンスタンティヌスの寄進状」、フランス革命の遠因であるマリー・アントワネットの偽の手紙、大航海時代の先駆けとなり日本が「ジャパン」になった原因の『東方見聞録』の五つだ。

愉快犯や経済的利益を求めての「偽書」は、許されることではないとしても、まだ罪が軽い。騙された人だけが被害に遭うのがほとんどだからだ。しかし、世界を変えてしまう「偽書」の罪は重い。

Fake 1

シオン賢者の議定書

ホロコーストを招いた史上最悪の偽書

史上最悪の偽書

偽書は、偽書と知ったうえで一種のフィクションとして、その内容を面白がって読む分には、罪はない。だが、それが社会全体で信じられて冤罪を生み、大量虐殺につながるとしたら、冗談ではすまされなくなる。

世界史上最悪の事件といっていい、ナチス・ドイツによるユダヤ人虐殺を生み出したのが、一冊の偽書だとしたら、それは史上最悪の偽書であろう。

その書こそが、『シオン賢者の議定書』だ。

一八九七年八月二十九日から三十一日にかけて、第一回シオニスト会議なるものが、スイスのバーゼルで開かれた。これ自体は歴史的事実である。シオニスト会議とはユダヤ人の代表の会議で、目的は「パレスチナにユダヤ人のための、国際法によって守られたふるさとを作る」ことだった。

ユダヤ人はパレスチナを追われ、世界中に散らばり、それぞれの国で弾圧されていた。国家を再建するのは民族の悲願だった。これも歴史的事実である。

このシオニスト会議の議事録が『シオン賢者の議定書』と題され、「ユダヤ人が世界征服を企んでいる証拠」として世に出た。これこそが史上最悪の偽書なのだ。

この『議定書』は会話体の二十四の文書によって構成されている。つまり、秘密会議の議事録のような体裁だ。内容は、ようするに「ユダヤ教以外の宗教をこの世からなくしてしまい、非ユダヤ人の国家を弱体化させ、ユダヤ人によって世界を統一しよう」ということだった。

陰謀の具体的な計画が書かれているのではない。どちらかというと、心構えというか、そういうレベルのものだ。「計画遂行に役立つのであれば、暗殺、買収、詐欺、裏切り行為などを、けっして尻込みしてはならない」とか「我々の合言葉は、権力と偽善だ」とか書かれている。

だがそれは「ユダヤ人が世界支配のために書いた」という前提で読むからで、たとえば中国人が書いたという前提で読めば、「中国人は怖い」となるし、戦前の日本陸軍の秘密文書だという前提で読むと、「日本はなんてひどいんだ」となるであろう。「書かれている内容」そのものよりも、「書いた人びと」が世界支配を企て、そのための秘密指令文書であるという、文書全体の枠組みに問題があるのだ。

すべてはユダヤ人の陰謀だったとする解説

この「恐ろしいユダヤ人の企み」が暴露されたのは、一八九〇年代の終わりから一九〇〇年代のはじめにかけてのロシアだった。ロシア革命の前、帝政時代である。そのロシア帝国内務省警察部警備局が、極秘のシオニスト会議の議事録を入手した。それをロシア語に翻訳したものが流出したのだ。

この議定書を最初に公にしたのは、一九〇五年にロシアの神秘主義者セルゲイ・ニルスの著書『卑小なるもののうちの偉大』だとされている。一九二〇年代になって英訳されたものも出版され、世界中に知られるようになった。

ロシア革命後の内戦時、白系ロシアの兵士が持っていたパンフレットには、フランス革命もロシアの「血の日曜日事件」も第一次世界大戦も、みなユダヤ人の陰謀だと解説されている。さらには、ロシア皇帝の慈愛が国民に伝わらないのも不景気なのも、飢餓になるのも、革命運動が起きているのも、みんなユダヤ人のせいで、この『議定書』に従って、彼らは動いているとされた。

現在の日本でも、バブルになるのもバブルが崩壊するのも、すべてユダヤ人の陰謀だとか、フリーメーソンが世界を支配しているとの説があるが、その原点がこの『議定書』と言える。

実際、ロシア革命の指導者にはユダヤ系の人がけっこういた。

そもそもマルクスがユダヤ系ドイツ人として生まれた（後に、プロテスタントに改宗）こともあり、共産主義にはユダヤの思想だというイメージがつきまとっている。しかし革命運動家にユダヤ系が多いのは、ユダヤ人たちがヨーロッパ社会では迫害されていたので、この状況をどうにかしたいと思って、革命運動に身を投じた人が多かったからでもある。彼らは、『議定書』に従って行動したのではない。

『議定書』はさらに、「ユダヤ人結社とフリーメーソンとが同一である」とも解説し、世界で最も有名な秘密結社とユダヤ人とが、一緒くたにされた。

しかしフリーメーソンはユダヤ人とは関係がない。フリーメーソンは中世に教会を建造する石工職人たちが作った組合を起源としており、当然、キリスト教徒であり、むしろユダヤ教とは対立する人びとなのである。だが秘密結社ということで怪しいイメージがあり、それが悪用されたのだ。

『議定書』をロシア語から英語に訳した記者が急死すると、実際は伝染病での死だったのに、何者かに暗殺されたのではないかとの憶測を生み、これもユダヤ人の陰謀だという印象操作がなされた。

この『議定書』に飛びついたのがナチスのアドルフ・ヒトラーだった。

ユダヤ人は悪だと国民に信じさせようとしていたヒトラーにとって、この『議定書』は待ちに待っていた「証拠物件」となったのだ。

当初はナチにも共鳴していたアメリカの自動車王ヘンリー・フォードは、自分が所有している新聞「ディアボーン・インディペンデント」紙に『議定書』を掲載し、さらには『国際ユダヤ人』という本にして出版した。この本はベストセラーとなったが、後にフォードは訴えられ、発売を止めて回収することになる。

日本にも伝わる

『シオン賢者の議定書』は、一九一〇年代には、シベリアへ出兵していた日本軍の関係者を通じて日本にも伝えられた。

ロシアの反革命軍である白軍兵士のほとんどが、ロシア革命はユダヤ人の陰謀によって起きたと思い込んでいたので、この『議定書』を持っていたのだ。そのため白軍と接した日本兵もこれを知ることになる。

こうして日本でも、一九二四年に包荒子なる人物により『世界革命之裏面』（二酉社）という本が出版され、そのなかで、『議定書』が紹介された。この著者は後に陸軍の安《やす》江《え》仙弘《のりひろ》大佐であると分かる。

ところが日本の右翼の一部には、日本人とユダヤ人とが同じ祖先を持つという考え方もあった。これを「日ユ同祖論」という。この本でも後に紹介する、いわゆる「古史古伝」ものにある、モーゼやキリストが日本の天皇と知り合いだったなどという話と、根を同じくする思想だ。

そういう人びとにとっては、『議定書』は、「反ユダヤ」のための書ではなく、ドイツ人に迫害されているユダヤ人を助けることで、日本による世界支配が可能になるという考え方のベースにもなった。つまり、日本とユダヤとは親しくしたほうがいいという理屈になる。

暴かれたオリジナルの存在

さて、『シオン賢者の議定書』だが、その出自の怪しさから、やがてある文書をほとんど盗作したものだと判明する。

原作というか、オリジナルと思われるのは、フランスで一八六四年に出版された、モーリス・ジョリー著『マキャベリとモンテスキューの地獄での対話』なる書物だった。これも対話形式なのだが、「ナポレオン三世が世界征服を企んでいる」という批判のための書だった。このナポレオン三世をユダヤ人に入れ替えれば、『シオン賢者の議定書』とほとんど同じだったのだ。

このことが一九二一年にイギリスの新聞「タイムズ」で暴露されると、イギリスでは、『議定書』は本当にユダヤ人の秘密会議で語られたものだとは誰も信じなくなった。

だがドイツではヒトラーが、本物かどうかはどうでもいいとして、ユダヤ人はこんな恐ろしいことを考えているので、絶滅させなければならないと主張していく。
ヒトラーの著書『わが闘争』にはこのように書かれている（平野一郎・将積茂訳、角川文庫）。

この民族の全存在が、どれほど間断のないうそに基づいているかということはユダヤ人から徹底的にいやがられている「シオンの賢人の議定書」によって、非常によく示されるのだ。それは偽作であるに違いない。とくり返し「フランクフルター・ツァイトゥング」は世界に向かってうごめいているが、これこそがほんものであるということのもっともよい証明である。多くのユダヤ人が無意識的に行なうかも知れぬことが、ここでは意識的に説明されている。そして、その点が問題であるのだ。この秘密の打ち明けが、どのユダヤ人の頭から出ているかはまったくどうでもよいことである。だが、それがまさにぞっとするほどの確実さでもってユダヤ民族の本質と活動を打ち明けており、それらの内面的関連と最後の究極目標を明らかにしている、ということが決定的である。けれども、議定書に対する最上の批判は現実がやってくれる。この書の観点から最近の二百年間の歴史的発展を再吟味するものは、ユダヤ新聞のあの叫びもすぐに理解するだろう。なにしろ、この書が一度でもある民族に知れわたってしまう時は、ユダヤ人の危険はすでに摘み取られたと考えてもよいからである。

では、フランスの本を原作にして、『議定書』を捏造したのはいったい誰なのか。このミステリについてはもともとこの『議定書』が流布されたのはロシアだったので、帝政時代のロシアの秘密警察というのが有力な説だ。

当時のロシアでは、国民の不満が皇帝政府に向けられ、まさに革命前夜だった。そこでその不満をユダヤ人に向けさせようという陰謀だったのだ。前述のように、不景気なのも飢饉なのも、すべてユダヤ人の陰謀だということにして、政府の無為無策をごまかそうとしたわけである。

こうして『議定書』が作られたわけだが、秘密警察がどんなに暗躍しても、ロシアの国民の怒りは静まらず、やがて一九一七年にロシア革命が勃発し、皇帝政府は崩壊した。

そしてめぐりめぐって、ヒトラーのナチによって利用され、さらに七十年が過ぎている日本では、いまだにすべての出来事はユダヤ人の陰謀だとする本がたくさん出ている。「偽書」の力は侮れない。

Fake 2

田中上奏文

日本軍のシナリオか、捏造か

怪文書として登場した日本の運命を決めた偽書

「田中上奏文」は偽書といっても、「本」ではなく、まさに「文書」である。「怪文書」ともいわれるが、広義の「偽書」といっていい。「田中メモリアル」「田中覚書」などとも呼ばれる。日本が侵略戦争をした証拠のひとつともされるが、謎の多い文書なのだ。「田中」とは、戦前の総理大臣・田中義一（一八六四〜一九二九）のことだ。

一九二七年、田中首相は昭和天皇に対し、満洲と蒙古を征服するための具体的な手順を記した文書を上奏した。これが、「田中上奏文」と呼ばれる文書だ。しかし日本政府はこの文書の存在を公には認めていない。

この「田中上奏文」が公になると、日本が中国を侵略し、さらには世界征服を企んでいる証拠だということになる。『シオン賢者の議定書』の日本版みたいなものだ。

「田中上奏文」の存在が明らかになったのは、一九二九年十二月に中国の南京で発行されていた月刊誌『時事月報』に掲載されたのが最初とされているが、その存在は、数か月前から日中双方の外交関係者の間では知られていたようだ。

中国がこの文書を入手して、第三回太平洋会議の場で公表しようとしているとの情報が、日本の外務省に入り、その文書を入手して調べたところ、内容の間違いや書式に不自然な点が多くあり、当初から日本側は「偽書」と考えていた。中国政府に対しては、日本以外の国の外交筋からも「怪文書だから公表しないほうがいい」と伝えられ、会議で発表されることはなかった。

ところが、その文書がどこかから漏れて雑誌に掲載された。

「田中上奏文」は中国語に翻訳されたものが掲載された。中国の雑誌なのだから当たり前だ。しかし、その原文となる日本語は、いまだに発表されていない。

原典の存在が確認できないのは「偽書」の特徴のひとつだ。つまり、「田中上奏文」は「偽書」としての条件を十分に満たしていることにもなる。原典が公表されていないことから、これを偽書と確定することも難しい。現物の文書があれば、それを鑑定すれば偽書と分かるが、原文が公にされていないので、文法的に不自然なところなどが指摘できない。

内容はかなりの長文で、「満蒙は支那に非らず」という刺激的な宣言に始まり、内外蒙古に対する日本の積極政策、朝鮮への移民の奨励及び保護政策、満蒙鉄道をはじめとする鉄道網を作ることと満鉄会社経営方針変更の必要など、日本の大陸政策全般にわたる考えが書かれていた。

雑誌だけでなく書籍としても出るという情報を摑んだ日本政府は、中国政府に対し取り締まるよう要請したが、中国側は「できるだけのことをするが、なかなか難しいので、言い分があるのなら、説明したほうがいい」との答えだった。

「上奏文」は英文にも翻訳されたが、この時点では、世界中で大騒ぎになったわけではない。

上奏文の通りに推移する満州事変

状況が変わったのは、田中義一の死後、一九三一年九月に満州事変が勃発してからだった。「上奏文」に書かれていることが実行されたのだ。つまり日本政府と日本軍が「田中上奏文」をシナリオにしているかのように見えてしまった。

これにより、「上奏文」は本物だったという印象が強まり、ジュネーブでの国際連盟の理事会でも問題になった。

一九四一年に日本とアメリカの戦争が始まると、日本が一九二七年から侵略を企てていた証拠の文書だとして、「田中上奏文」の英語版が盛んに出版されるようになっていく。時には、「日本版『我が闘争』」とまで言われた。

一九四五年の日本敗戦後の極東国際軍事裁判では、「田中上奏文」は日本に侵略の意図があった証拠となるので、検事側が日本語の原文を探したが、ついに見つからなかった。

もともとなかったのか、処分されたのか、そのあたりは分からない。

結局、「田中上奏文」は証拠採用されなかったので、その意味では日本政府の「偽書」だという主張が認められたことになるが、日本語の原文が出てこない以上、裁判での証拠採用は難しかっただろう。

田中義一首相が本当に天皇に上奏したのかどうかはともかく、「上奏文」に書かれたことの多くを実際に日本が行なったのはたしかだった。

誰が作り、誰が公開したのか

最初に中国で公表された時点で、日本の外務省が偽書だとしていた根拠は、上奏が内大臣（天皇のそばにあって輔弼（補佐）する宮中の官職。御璽・国璽を保管し、詔勅・勅書その他の宮廷の文書に関する事務などを所管。国民から天皇へ奉呈される請願を取り継ぎ、天皇の意向に従って処理する。総理大臣、国務大臣とは分離されている閣外の宮中職で、敗戦直後の一九四五年十一月に廃止）ではなく宮内大臣（現在の宮内庁にあたる宮内省の長。当時の宮内省は内閣に属さない独立した組織だった）を経由していること、九カ国条約に対する打開策を協議する会議に山縣有朋が参加したことになっているが、その時点で山縣は死んでいること、田中義一の欧米訪問やフィリピンでの襲撃事件についての記述に事実関係の誤りがあることなどからだった。

田中の名義で上奏されたとしても実際には官僚が書いたはずで、そうであれば、なおさらこのような間違いはするはずがない。したがって政府関係者が公務として書いたものではないというのが、偽書だとする根拠だった。

では、偽書だとして、いったい誰が作ったものであろうか。

中国の外交関係者説、中国の情報機関説、ソ連の諜報機関説など、諸説ある。だが、さまざまな説も入手経路の説明にはなっても、作成者については特定できていない。

ソ連国内の権力闘争でスターリンに負けて亡命したトロツキーは、日本人協力者、つまりスパイがいて日本の機密文書を入手していたと暴露している。だが、それが「田中上奏文」であるかどうかは分からない。

官僚ではないにしろ、「田中上奏文」の作成者が日本政府の実情にかなり詳しいことは間違いなく、中国人が独自に作成したとの可能性はほぼ否定されている。はたして本当に天皇に上奏されたものなのか。政府や軍の侵略に積極的だった者が自分の考えを書いただけのものだったのか。そのあたりは謎となっている。

日本がいくら偽書だと主張しても、上奏文に書かれたのとほぼ同じ行動をとったため、なかなか信用されないようだ。

Fake 3

マリー・アントワネットの手紙

フランス革命の原因のひとつになった偽の手紙

「王妃の首飾り事件」とは

本だけではなく、手紙にも「偽書」がある。フランス革命前夜、王妃マリー・アントワネット（一七五五～九三）の手紙が偽造され、それが大スキャンダルを呼び起こした。

フランス革命の原因はいろいろあるが、フランスの庶民が王家に対して反感を抱くようになった理由のひとつは、王妃マリー・アントワネットの浪費にあった。

神聖ローマ皇帝であるハプスブルク家に生まれ、何不自由なく育ったマリー・アントワネットに、庶民感覚を求めるのが無理というものだ。

相次ぐ戦争でフランスの国家財政は大きく傾き、庶民は高い税金に加え、天候不順による農作物の不作などで苦しんでいたのに、王室が生活レベルを落とさなかった。

事件は、そんな革命前夜に起きた。マリー・アントワネットが宝石をちりばめた首飾りを買ったのに、その代金を払わないと宝石商から訴えられたのだ。

売ったのはベーマーという宝石商。首飾りの価格は、一六〇万ルーブル。いまの日本円にして約二〇億円という、とてつもない額だ。

そもそもこの首飾りは、前国王ルイ十五世が愛人デュ・バリー夫人のために発注したもので、大小合わせて五四〇ものダイヤモンドがちりばめられていた。ところが、ルイ十五世が急死してしまったため、宝石商は売ることができなくなった。こんなものを買えるのは、王妃となったマリー・アントワネットしかいない。そこで宝石商はマリー・アントワネットに売り込んだが、彼女はデュ・バリー夫人が嫌いだったので、彼女のための首飾りなどいらないと断った。

諦めきれない宝石商ベーマーは、王妃の側近のジャンヌ・ド・ラ・モット伯爵夫人に仲介を頼んだ。ジャンヌは夫と共に、首飾りを手に入れ、さらに王妃を追い落としてやろうと陰謀を企む。そこで、王妃に横恋慕しているとの噂のあるロアン枢機卿を利用しようと考えた。ジャンヌはマリー・アントワネットによく似た娼婦を見つけてあった。

この娼婦に豪華な衣装を着せて、王妃だと偽って枢機卿に会わせた。憧れの王妃に会わせてくれたので、枢機卿はジャンヌを信用した。

次にジャンヌは宝石商と枢機卿を引き合わせた。事前に捏造した王妃からの「首飾りを買います」という趣旨の手紙を枢機卿に渡し、枢機卿の手から宝石商に見せた。宝石商はこれを信用し、首飾りを枢機卿に渡した。ジャンヌは王妃の連絡係なる人物を枢機卿に紹介し、枢機卿はこの男に首飾りを渡す。

もちろん、この連絡係と称する男はジャンヌの仲間で、首飾りを手に入れると、王妃ではなくジャンヌに渡したのである。首飾りのままでは処分できないので、ジャンヌの夫はロンドンへ持って行き、五四〇のダイヤモンドをひとつずつにしてバラ売りした。

何も知らない宝石商は王妃が買ってくれたと思い込んだ。そして支払いを求める。だが王妃はそんなものを買った覚えがないので、請求書を無視してしまう。やがて宝石商が王妃の側近に直談判に及び、ことが発覚したのである。

王妃の訴えにより、ロアン枢機卿とジャンヌ・ド・ラ・モット伯爵夫人、そして王妃の偽者を演じた娼婦は逮捕された。しかしロンドンにいたジャンヌの夫は逃げ切った。ジャンヌは数々の文書偽造事件を起こしていたカリオストロが首謀者だと主張したので、カリオストロも逮捕された。

カリオストロは、アニメ映画『ルパン三世』にも出てくる名前だが、当時の有名な詐欺師で「カリオストロ伯爵」と称していたが、実際には貴族ではない。医師、錬金術師、降霊術師として上流階級に取り入り、オカルト詐欺で稼いでいたが、「王妃の首飾り事件」に巻き込まれたせいで、失脚してしまう。モーリス・ルブランのアルセーヌ・ルパン・シリーズの『カリオストロ伯爵夫人』のヒロインは、このカリオストロ伯爵の娘と名乗っている盗賊だが、もちろんフィクションだ。

『王妃の首飾り』
アレクサンドル・デュマ著、大久保和郎訳、創元推理文庫、一九七二年

『モンテ・クリスト伯』『三銃士』の作者が、事件から半世紀が過ぎた一八四九年から五〇年に、この事件を題材にして書いた歴史小説。この本は小説なのでデュマの想像と創造が混ざっているが、まさに事実は小説よりも奇なりである。

巻き添えをくらったアントワネットにとって、この事件は大きなイメージダウンとなり、これがフランス革命の遠因ともなるのだった。

懲りない人びと

裁判では、カリオストロ、枢機卿、娼婦は無罪となり、ジャンヌだけが有罪となった。しかし彼女は転んでもただでは起きない。

ジャンヌは投獄されていたが、いつの間にか脱獄しロンドンへ逃げた。そして、一七八八年にロンドンで『無罪証明の回想録』なる本を出版する。そこには、マリー・アントワネットとロアン枢機卿との往復書簡が収録されていた。この手紙類によると、王妃は枢機卿に変装して会いに来てほしいと頼むなど、二人が愛人関係にあったことが分かる。したがって、王妃が枢機卿に首飾りの代理購入を頼んだのも事実なのだ、と主張されている。

もちろん、この往復書簡も偽作だった。手紙があるのならその筆跡を鑑定すれば、本当に王妃と枢機卿が書いたのか分かるわけだが、ジャンヌは用意周到に、本にする段階で「オリジナルは焼却され、その直前に書き写されたものだ」と記していたのだ。ないものは証明できない。ジャンヌは「怪しいけど、本物かもしれない」という雰囲気を作ることに成功した。彼女の思う壺だった。

フランス革命が勃発するのは、この往復書簡が出版された翌年だった。

この本は革命後もよく売れた。真贋論争に決着がつくのは、一八九五年、マリー・アントワネットが処刑されてから一〇〇年以上が過ぎてからだった。アントワネットが本当に書いた手紙が書簡集として編纂され、そのなかに、ロアン枢機卿を心から嫌っていることが書かれていたのだ。こうして本当の手紙が公開されたことで、アントワネットと枢機卿の愛人関係はようやく否定された。

ヨーロッパ近代史の幕開けとなる大事件の重要人物であり、享楽的な性格と美貌というキャラが立つ人なだけあって、その後もマリー・アントワネットの手紙の偽作は後を絶たない。

偽作が出まわるのは、貴族たちの本物の手紙も数多く出まわったからでもある。革命によって、王侯貴族の社会が崩壊したため、没落した貴族たちの財産は、どんどん換金された。宝石や美術品があらかた処分されてしまうと、次に書簡も売りに出されたのだ。

電話などない時代なので、通信は手紙でするしかない。マリー・アントワネットに限らず、貴族たちは頻繁に互いに手紙でやりとりしており、そうしたものが古物商マーケットに流出した。偽作も後を絶たず、一攫千金狙いもあれば、世間が騒ぐのを見て楽しむ愉快犯的なものもあった。

マリー・アントワネットといえば、民衆が「パンを寄越せ」と暴動で叫んでいるのを聞いて、「パンがないならケーキを食べればいいのに」と言ったというエピソードが有名で、いかにも彼女が言いそうだ。しかし現在では、この発言はフィクション、捏造だということで決着がついている。これもフェイクなのだ。

Fake 4

コンスタンティヌスの寄進状

史上最大の土地譲渡詐欺

古代ローマを統一した皇帝

もしかしたら世界史上最大の偽書は、「コンスタンティヌスの寄進状」かもしれない。「コンスタンティヌス」は、古代ローマの皇帝、コンスタンティヌス一世のことだ。二八〇年頃に生まれ、三〇六年に皇帝となった。

ローマ帝国は紀元前二七年にアウグストゥスによって帝政が始まり、一世紀末から二世紀後半までの五賢帝時代は安定していたが、二世紀の終わりから内乱の時代となり、半世紀の間に二十六人の皇帝が入れ替わる。

この内乱を終息させたのが、ディオクレティアヌス（在位二八四〜三〇五年）だった。だがローマ帝国はあまりにも巨大だったので、ひとりの皇帝では統治できない。そこで、東西に分け、さらにそれぞれ正帝と副帝の二人、合計四人で統治することになった。だが、これもうまくいかず、コンスタンティヌス（在位三〇六〜三三七年）が再統一したのである。そのため、彼は「大帝」と称される。

キリスト教は、ディオクレティアヌス帝の時代は弾圧されていた。その方針を大転換させたのがコンスタンティヌス大帝で、キリスト教を公認しただけでなく、自ら入信した。そのため、この皇帝はキリスト教では聖人とされている。

最大の偽書

コンスタンティヌス大帝がキリスト教を公認したのは、その強固な一神教の性格を、国家統治に利用しようと考えたからだとされる。ローマは大きくなりすぎていたので、統一する理念が必要とされたのだ。さらに、すでにキリスト教団がかなり大きくなっていたので、これ以上、弾圧するにはコストがかかりすぎた。

こうしてキリスト教を公認した大帝だが、ハンセン病を患っていた。ところがローマ教皇の洗礼を受けると治癒した。そこで、そのお礼として、コンスタンティヌス大帝は全領土をローマ教皇に寄進したのである。その証拠の文書こそが「コンスタンティヌスの寄進状」であった。

大帝はローマ教皇に自分と等しい権力を与え、全西方世界を委ね、自分はコンスタンティノープルに隠退した。

これにより、世界はローマ教皇に帰属するようになったとされている。八〇〇年に行なわれた、フランク王国カール大帝への戴冠も、この寄進状が根拠となり、このフランク王国が神聖ローマ帝国に発展する。つまり、ヨーロッパ世界が、キリスト教会の支配下にあることを法的に担保する、権利書のようなものだ。

この寄進状があるから、神聖ローマ皇帝をはじめとする各国の王は、カトリック教会から、その土地を統治する権力を認められていたのだ。

「偽書」が世界史を動かした

その後、ローマ教皇領と神聖ローマ皇帝との叙任権闘争の際にも、この寄進状が根拠とされ、東方教会とカトリックが対立した際にも、カトリック教会が独立性を主張する理由となった。

ところが十五世紀になって、イタリアの人文主義者ロレンツォ・ヴァッラが、この寄進状に疑いを抱く。寄進状はラテン語で書かれていたのだが、その文章が、他の古いラテン語文献に使われている文法とは異なると気付いたのだ。

ロレンツォ・ヴァッラは、そこから研究を重ね、『コンスタンティヌスの寄進状　偽の作論』を発表した。

以後、大論争となった。研究が進み、十八世紀の段階で、この寄進状は四世紀初頭のコンスタンティヌス大帝の時代ではなく、八世紀にローマ教皇ステファヌス二世（三世）、あるいは側近によって偽造された偽書であると発覚したのだ。

コンスタンティヌス大帝が受洗したのは事実でも、ハンセン病だったというのは嘘だった。当然、その教皇の力でハンセン病が治癒したというのも嘘だ。

決め手となったのは、コンスタンティヌス大帝が洗礼を受けた後、教皇シルヴェステル一世に統治権を与えるという文書だったのに、教皇は大帝が受洗する二年前の三三五年に亡くなっていたと分かったのだ。死んだ者へは寄進できない。

では、いつ、どこで、誰が捏造したのであろうか。

そもそもこの寄進状は、九世紀半ばにローマ・カトリック教会で編纂された「イシドール法令集」のなかの一文書なのだが、この法令集そのものが偽書だったのである。

偽書と断定されたので、現在ではキリスト教会でも『偽イシドール法令集』と呼ばれるこの文書が編纂されたのは、八四七年から八五二年のあいだだった。イシドール・メルカトールなる人物が編纂したので「イシドール法令集」と呼ばれたが、そんな人物は実在していなかった。セビリアの司教イシドールと、アフリカ生まれのマリウス・メルカトールという神学者の名をあわせてでっち上げたらしい。

この法令集は三部構成で、第一部は第四代ローマ教皇とされるクレメンス一世（在位・九一～一〇一年）から、三十二代教皇ミルティアデス（在位三一一～三一四年）までが発した教令、第二部は三二五年から六八三年までの五十四の公会議議決、第三部が五十八代教皇シルウェリウス（在位五三六～五三七年）から、八十九代教皇グレゴリウス二世（在位七一五～七三一年）の教令となっている。ところが、第一部はすべて捏造されたもので、第二部は真正のものが改竄されており、第三部は真偽混在だったと、十六世紀になって明らかになった。『コンスタンティヌスの寄進状』は『偽イシドール法令集』の第二部に含まれており、これについては捏造されたものと判明している。

『偽イシドール法令集』捏造の意図は、ローマ教皇の権威と権力を強化するためで、作ったのはローマ教皇庁そのものだ。

聖職者と自称する教皇や大司教者たちが、いかに欺瞞と欲望に満ち、堕落しきっている人間であるかがよく分かる。

あまりにも巨大な詐欺だが、犯人はとうの昔に死んでいるし、被害があまりにも大きく、もはや救済のしようもない。

人類がいかに「紙に書かれたもの」に左右されるかを示すひとつの証拠として、この事件は記憶されるべきだろう。

紙によって土地が誰のものか決まってしまうのは、いまの日本も同じと言えば同じだ。個人や企業が所有する土地にしても、その根拠となるのは登記簿謄本や権利証という紙でしかないのだから。

Fake 5

東方見聞録

世界的名著が「間違いだらけ」の理由

「間違いだらけの本」

「日本」は「にほん」あるいは「にっぽん」と読む。どうなまっても、「じゃぱん」にはならない。それなのに「日本」を英語で「ジャパン」というのは、マルコ・ポーロの『東方見聞録』に、日本を「黄金の国ジパング（Zipangu）」と書かれていたからで、それがなまって英語では、Japanとなったらしい。

「にほん」か「にっぽん」かはともかくとして、日本人は誰ひとり、「じぱんぐ」などとは言わないはずなのに、マルコ・ポーロはどう聞き間違えたのであろうか。

実は、マルコ・ポーロは日本に来たことなどなかった。したがって、『東方見聞録』にある日本についての記述は、彼が実際に「見聞」したものではなく、また聞きの二次情報である。「ジパング」も、中国語で「日本国」を「ジーベングォ」と発音したのが、なまって伝えられたものと思われている。

東方見聞録によると、「ジパングは、カタイ（中国大陸）の東の海上に浮かぶ独立した島国で、膨大な金を産出し、宮殿や民家は黄金でできているなど、財宝に溢れている。また、ジパングの人びとは偶像崇拝者であり、外見がよく、礼儀正しいが、人食いの習慣がある」そうだ。

これが間違っているのはいうまでもないが、日本に来たわけでもなく、伝聞情報で書いたのだから仕方がない。

しかしこれだけでは、「間違いだらけの本」であって、「偽書」ではない。

ところが、この『東方見聞録』なる書物、その成立過程からして怪しいのである。

マルコ・ポーロはどんな人

マルコ・ポーロは実在したが、いつ、どこで生まれたか正確には分かっていない。一応、一二五四年生まれというのが定説で、ヴェネツィア共和国の裕福な貿易商の子だったらしい。日本で言えば鎌倉幕府の時代だが、将軍はすでに源氏の頼朝直系ではない。北条氏が執権として実権を握っていた時代である。

マルコは十七歳になる一二七一年から二十四年間にわたり、父や叔父と共にアジア各地を旅し、帰国後はジェノヴァとの戦争に志願したところ、捕虜となって投獄された。その獄中で囚人仲間に旅の話をしたのが、『東方見聞録』なのだ。

つまり、「マルコ・ポーロの『東方見聞録』」とされているが、マルコ・ポーロが「書いた」ものではない。マルコの話を書き留めたのは、ルスティケロ・ダ・ピサなる人物である。

「すべて賢明にして尊敬すべきヴェニスの市民、《ミリオーネ》と称せられたマルコ・ポーロ氏が親しく話したところを、彼の語るままに記述したものである」と、ルスティケロは記しているのだが、マルコが話していないことも勝手に書き加えているようで、本当にマルコの口述した内容なのかどうか、かなり怪しい。その意味で、「偽書」っぽい。

少なくとも、現在に伝わっているテキストは、マルコ・ポーロの存命中に書かれたものではない(一三二四年に亡くなった)。原本はとっくに散逸している。言語によってさまざまな異本があり、百種類以上の写本が現存しているとされるが、どれも断片的なものばかりで、完全なものはないらしい。
最初に活字化されたのは、一四七七年のドイツで、一四八八年にはラテン語、イタリア語でも出版された。この時点ですでに、原テキストからかなり脚色されている可能性が指摘されている。

何でも「一〇〇万」と言った男

現存する『東方見聞録』は全四巻で、一巻は中東から中央アジアを経て中国へ到着するまで、二巻は中国とクビライの宮廷について、三巻がジパング（日本）とインド、スリランカ、東南アジアとアフリカ東海岸側等について、四巻がモンゴルでの戦争とロシア極北地域についてとなっている。日本については、一二七四年と八一年の元寇《げんこう》について触れているものの、モンゴル軍が京にまで攻め込んだとか、日本兵が奇跡の石を武器にしていたなど、いい加減な記述もある。

冒険家のなかには話を誇張する人がいるし、それを書き記した者が、さらに誇張・脚色した可能性も高い。マルコが旅したアジア側に、こういうイタリア人がやって来たという記録がないため、本当にマルコがこのような旅をしたのか、とくに中国にまで行ったのかどうかについては、疑問も持たれているわけだ。

実際、『東方見聞録』には、『世界の記述』（"La Description du Monde"）というタイトルのほか、『イル・ミリオーネ』（"Il Milione"）というタイトルの写本もあるが、この「ミリオーネ」とは、ミリオン、つまり「一〇〇万」という意味で、マルコがアジアで見たものを何でも「一〇〇万あった」と言っていたからだ。

つまり、マルコはかなりいい加減で、何でも大袈裟に言うので有名だった。だから当時としても、この『東方見聞録』の内容はウソではないかと批判されたらしい。しかし、他にアジアへ行った人もいないので、嘘だという立証もできなかった。

大航海時代の到来は、この本なしではもっと後になったかもしれない。最初に記したように、日本がジャパンになったのもこの本のせいだ。後世への影響は大きい。

コロンブスも『東方見聞録』を所有し、四百近い書き込みをしていたというから、熱心に読んでおり、これがアメリカ大陸到達という冒険につながったのである。

第二部

専門家ほど騙される偽書

歴史の専門家、あるいは文学や音楽の専門家は、常に新説、新発見を求めて研究している。つまり、「今まで知られていない事実」に飢えている。偽書製作者たちは、そこにつけ込み、いかにも専門家が喜びそうな偽書を作る。それにまんまとひっかかる専門家はけっこういるようだ。

専門知識があるがために、マニアックに深入りし、細部の差異にこだわるために、そもそも大前提としておかしいことに気付かないケースもある。

無知な人が騙されるのではない。高度な専門知識がある人ほど騙されるのだ。

では、そんな専門家が騙されるフェイクの作り手たちは、どんな動機で偽書を作るのだろう。金銭目当てのこともあるが、経費のほうがかさんでいるケースのほうが多い。

騒動好き、自己顕示、承認欲求、破壊願望、リセット願望、我田引水願望、コンプレックスの克服と、その理由はさまざまだが、愉快犯的な、騙すことそのものが目的となっているケースが多い。騙すほうは全知全能を傾注しているだけに、そのウソを見破るのも艱難だ。

これらのフェイクは、いまとなっては人びとが騙されたことを含め「面白い話」となっている。そう「面白い」のだ。それがフェイクニュース、偽書がなくならない最大の理由だろう。

もともと日常は単調だ。その「面白きこともなき世を面白く」するために、人間はいかなる妄想も創作もやめない。それが健全なフィクションの創作に向かえばいいが、世の中には歪なフェイク作りに向かう人もいる。

Fake

6

武功夜話

戦国時代を見てきたように語る偽書

台風で発見された戦国時代の記録

まだ完全に決着がついたわけではないが、戦後の日本の戦国史研究における最大の発見のひとつ、信長、秀吉の時代を当時の人間が書いたとされる『武功夜話《ぶこうやわ》』も、偽書の疑いが強い。

『武功夜話』は、「前野文書」あるいは「前野家文書」というのが、学問的な名称だが、一般的には『武功夜話』として知られる。歴史書の出版社、新人物往来社が一九八七年にこの書名で出版して有名になった。

発見されたのは一九五九年。大きな被害をもたらした伊勢湾台風の時、愛知県江南市《こうなん》にある吉田家の土蔵が崩れ、そこから大量の古文書が発見されたのだ。

吉田家の先祖は戦国時代に活躍した前野長康《ながやす》という武将だった。この前野長康は信長と秀吉に仕えていたので、この二人の動向がつぶさに、生き生きと描かれていたのだ。

だがこの大発見はなぜか一九五九年当時には公けにされなかった。三十年近くが過ぎた一九八七年になって、吉田家の当主の弟、吉田蒼生雄《たみお》による「全訳」が刊行されることで、注目されたのだ。

たちまちマスコミが取り上げ、歴史専門の大学教授が史料的価値を認め、さらに遠藤周作、津本陽、堺屋太一といった何人もの大作家がこれをもとにした歴史小説を書いた。

こうして『武功夜話』は戦国時代に新しい光を当てた画期的な史料と騒がれ、ますます有名になっていった。

戦国オールスターが集まる屋敷

ではどんなことが書かれていたのか。

戦国時代、前野家の隣に土豪、生駒八右衛門の屋敷があり、そこには大勢の武士たちが居候のように出入りし、そのなかには若かりし日の蜂須賀小六や秀吉がいた。前野家の次男である長康は彼らと親しくして、小六とは義兄弟になる。

この生駒屋敷に出入りする人びとの言動を記録したのが、この「前野家文書」なのだ。それによると、生駒屋敷には信長も通い、八右衛門の妹で、いったん嫁に出たものの後家となって実家に戻っていた吉乃を見染めた。彼女こそが信長の長男・信忠や次男・信雄の母となる女性だった。

また生駒屋敷に出入りしていたことで信長と知り合った秀吉は、墨俣《すのまた》攻めで小六と長康に助勢を頼み、その結果、墨俣の一夜城ができた。こうして秀吉は信長に重用されるようになり、前野長康はその秀吉の参謀となったのである。長康の弟は佐々《さっさ》成政《なりまさ》の家老職となった。

長康は秀吉の甥の秀次《ひでつぐ》の後見役となったが、秀次が失脚し切腹させられたので連座して、切腹した。

このように失脚した者に仕えていたため、前野家の記録は表に出すことができず、四百年近くもの間、眠っていたのだという。

戦国史を書き換える史料

『武功夜話』が公刊されると、前野長康と生駒屋敷というこれまでにない視点から戦国時代が書かれていたため、第一級の史料とされた。なかでも、これまでフィクションとされていた秀吉の墨俣の一夜城が、実際に築城されたことが、これにより明白になった。桶狭間の戦いや、本能寺の変、さらには関ヶ原の戦いといった、戦国史の大事件のすべてが、目撃談として書かれていたので、まさに大発見だった。

その一方、刊行された当初から偽書説も出た。

まず前野家文書の原本が非公開である点が批判された。発見から三十年近く過ぎても、写真すら公開されない。専門家による鑑定もなされていない。したがって、紙質などの客観的な調査ができない。

次に事実関係が異なっていたり、当時にはなかった地名、当時は使わない言葉、文法などで書かれているという内容面で、後世の偽作だとの説が展開された。

とくに墨俣の一夜城が実在したことになっているが、それについての批判が多い。『武功夜話』に書かれている、墨俣築城の工程・城絵図は、書式・用語や絵図に欠陥があるというのだ。

歴史的事実とされているものとの矛盾については、書いた当人の解釈と、一般の解釈とが異なる場合もあるし、人間というものは思い違いや記憶違いをするものだから、それを理由に偽書とするのは、たしかに早計かもしれない。

前野家文書の発見地である江南市は正真正銘の古文書との見解で、市のホームページでは、次のように紹介している。

〈江南市と信長を強く結び付けたこの文献は、市内前野町の吉田さん宅に先祖代々伝わ

『武功夜話——前野家文書〈一〉』
吉田蒼生雄全訳
新人物往来社、一九八七年

「前野家文書」の発見者である吉田蒼生雄が書き起こしたものが最初に本になったのが、一九八七年に刊行された新人物往来社版で、全四巻となっている。同社は歴史書専門の版元だったので、多くの読者が信頼した。その後、二〇〇八年に新人物往来社は中経出版の子会社となり、二〇一三年四月に吸収合併された。その一方、中経出版は二〇〇九年に角川グループに入り、二〇一三年十月に、KADOKAWAに吸収合併されたので、現在は新人物往来社は存在しない。版元もまた数奇な運命をたどったわけで、偽書かどうかは永遠の謎となるのだろうか？

る秘蔵の古文書「武功夜話」です。

「武功夜話」には、どの巻首にも、「貸出しの儀　平に断るべし」と記され、門外不出となってきました。ところが、昭和三四年この地方を襲った伊勢湾台風のため吉田家の土蔵が崩れ落ちてしまったのを機に、吉田家の親戚にあたる吉田蒼生雄さんが一二年かけて訳され、ついに三八〇年ぶりに陽の目をみることになったのです。〉

偽書であるかの結論は、まだ出ていないようだ。

Fake 7

東日流外三郡誌《つがるそとさんぐんし》

反天皇派が信じたがった
大津波で消えた幻の王朝

東北に栄えたアラハバキ族の政権

「東日流」と書いて「つがる」と読む。つまり「津軽」である。

東北地方に歴史から抹殺されてしまった王朝があったことを証明する文書として、『東日流外三郡誌《つがるそとさんぐんし》』が発行されたのは、一九七五年のことだ。怪しげな本を出している出版社から発行されたのではなく、青森県北津軽郡市浦《しうら》村の『市浦村史　資料編』として公刊されたので、多くの人が信じてしまった。

まずはその内容だが、簡単にいって、超古代から中世にかけての東北地方には天皇家とは別の王朝が栄えていたというものだ。『古事記』『日本書紀』に匹敵する、壮大なスケールの超古代からの歴史が描かれている。第三部のテーマである「古史古伝」と底流では共通するものを持っていそうだ。

それによると——古代の津軽には、モンゴルの彼方から渡来してきた、とても穏やかな山の民であるアソベ族が暮らしていた。自然を信仰する人びとで、動物や魚はあまり食べず、主に草木の実を食べていた。そこに大陸から荒々しいツボケ族が攻めて来て、アソベ族は征服されてしまう。

畿内では、ツモミケ族のアビヒコとナガスネヒコ兄弟が周辺部族を統一して、邪馬台国を築いていた。そこに九州から日向族がやってくる。この日向族を率いているのが佐《さ》怒《ね》王（神武天皇）だった。邪馬台国は日向族との戦いに敗れ、アビヒコとナガスネヒコの兄弟は東北へ逃げ、津軽に落ち着く。

古代史における最大の謎である邪馬台国畿内説と神武東征とが、こうやって説明されてしまうのだ。

逃げて来た邪馬台国の人びとは、津軽では侵略者となる。ツボケ族は負け、中国からは春秋戦国の動乱を逃れた晋の王族もやって来て、邪馬台国の一族との混成民族が誕生する。それが、アラハギ族だった。

アラハギは神の名である。このアラハギを信仰する民族なのでこう呼ばれる。その御神体が遮光器土偶、宇宙人を模したとも言われるものだ。

アラハギ族はその後も神武天皇の子孫によるヤマト政権と何度も戦い、大和を奪還し、アラハギ族出身の天皇もいた。

東北の有力者である安東氏はアラハギ族の直系で、その安東水軍《すいぐん》は十三湊《とさみなと》を中心に栄え、中国、朝鮮はもちろん、広くロシア、インド、アラビアなどとも交易し、キリスト教も早くから伝わっていた。

この安東氏による王国は、南北朝時代の一三四〇年（南朝年号の興国元年）、十三湊を大津波が襲ったため、一夜にして壊滅した。

そして、その歴史も抹殺されてしまったのである。

どのように『東日流外三郡誌』は編纂されたのか

この消えてしまった王朝の歴史を記した文書が発見されたのは、戦後のことだった。青森県五所川原市に住む和田喜八郎家の天井裏から、大量の古文書が出て来たのだ。その文書群は和田家で発見されたことから、「和田家文書」と呼ばれる。

和田家文書は、和田家の先祖によって編纂されたものだった。徳川政権時代の寛政年間（一七八九～一八〇〇）に、秋田孝季《たかすえ》という三春藩《みはるはん》主の縁故者と、津軽飯詰村の庄屋・和田長三郎吉次《ちょうざぶろうよしつぐ》が編纂したとされる。三春藩は現在の福島県三春町にあたる。

秋田氏は、かつて栄えていた安東氏の末裔にあたる大名である。秋田孝季と和田長三郎吉次の二人は、『東日流外三郡誌』だけでなく、『東日流内三郡誌』、さらには『東日流六郡誌絵巻』なども編纂した。こうして文政五年（一八二二）に、六十巻以上になる『東日流誌』は完成された。

しかし戦後になって発見されたのは寛政年間に書かれた原本ではなく、明治になってから、和田家の当主が書き写した写本だという。原本は失われてしまったのだ。そして、この写本のことも忘れられていたが、和田喜八郎の代になって発見された。

この「和田家文書」の発見はたちまち大きな話題となり、ＮＨＫがドキュメンタリー番組を放送したり、全国紙がとりあげたりした。歴史研究家のなかにも、喪われた王朝の存在を示すものだと評価する者もいた。

その一方で、発見当初から偽書ではないかとの主張も出ていた。つまり、「発見者」である和田喜八郎が自分で書いたのではないかとの疑いが持たれていたのだ。

偽書説の根拠

「和田家文書」には、卑弥呼、ムウ大陸、あるいはダーウィン二世という学者が登場するなど、かなり怪しい。そういうのが好きな人にとってはたまらない文書なのだが、まじめな歴史学者からすると、とんでもない話だ。

いずれにしろ、津波でその王朝のすべてが失われたとあっては、遺跡がないとか、他の文献に出てこないと偽書説を主張しても、水掛け論になってしまう。遺跡がないのは大津波ですべてが失われた証拠だ、となるからだ。他の文献に安東氏の政権の記述がないのは、天皇家中心の歴史は敗者の存在そのものを抹殺しているからだ、と反論される。

さらには、二十世紀の一九三〇年に発見された冥王星が登場し、他にもごく最近の言葉が出てくるなど、徳川政権時代の文書としては明らかにおかしい点がある。

しかし、これも和田家文書は本物だとする人に言わせると、冥王星の発見を予見していたことになるわけで、いったん信じてしまうと、それを覆すのは難しい。

そこで別のアプローチとして、発見された文書の紙質や筆跡などの鑑定が行なわれる。江戸時代の原本は失われたというのを信用したとしても、明治の写本というのが本物かどうかが鑑定された。その結果、戦後のパルプ製紙による紙だったことと、発見者の和田喜八郎の筆跡と文書の筆跡が一致したこと、さらには喜八郎の家は戦後に建てられたもので、明治時代のものが天井裏に隠されているはずがないことも分かった。

国立歴史民俗博物館は一九九一年から数年にわたり、十三湊遺跡の総合調査を行ない、過去に大津波があったのか、安東水軍は実在したのかを調べたが、証拠は見つからなかった。

こうした調査によって現在では、『東日流外三郡誌』をはじめとする「和田家文書」は喜八郎による偽書だということで、ほぼ決着している。

「ほぼ」としたのは、和田喜八郎当人が、自分が製作したと認めないまま亡くなってしまったことと、いまなお「偽書ではない」と主張する人がいるからだ。

簡単に偽書と見破られるはずの「和田家文書」が、ある時期は「これぞ正しい歴史だ」と持ち上げられたのは、反天皇、反権力、反中央的な内容だったからで、これが戦後の反体制的な学者たちの支持を得てしまったからとも言える。

そうした立場の人びとにとっては、天皇家を中心とした政治体制は絶対的なものではなく、相対的なものであったとしたほうが、自分たちにとって都合がよかった。

つまり、ヤマト朝廷は大和という一地方の王権にすぎず、古代の日本には他にもたくさんの王朝があったはずだと考えていたので、それを実証してくれるものなら何でも信じたのだ。しかも、その天皇家以外の王朝は、なるべく最近まで存在していたほうがありがたかった。

こうして、一見、進歩的な人びとによって、『東日流外三郡史』は「真実の歴史だ」と信じられた。

何のための偽書なのか

それにしても、六十巻以上もの文書を製作するのは、かなりの労力を必要とする。「書く」だけでも大変だが、その内容をゼロから創作したとしたら、かなりの想像力であり、文章能力も高いことになる。

そのことから、たとえ和田喜八郎が書いたとしてもベースとなるものがあったはずで、一〇〇パーセント、喜八郎の創作とするのはおかしいとの説も出てきた。つまり、喜八郎はこれまで発見されていない未知の文書を知っており、それをもとに書いたという説だ。

もとになる史料があったとしても、これだけのものを書くにはかなりの歴史的知識が必要だ。ところが和田喜八郎にはそうした知識はなさそうだった。少なくとも大学で学んではいない。そこで彼にはこれを書く能力はないとみなされ、だから、これは創作ではなく本物の史書なのだ、という理屈が展開された。

ところがその後、和田喜八郎は若い頃に郷土史家の史料探しを手伝っていたことが判明した。古文書についての知識がかなりあったのだ。

それどころか、和田喜八郎は郷土史家からその人の自説を聞くと、それに都合のいい古文書を探してくるので重宝されていたのだが、その古文書も捏造したものだったことが判明した。依頼主が望むものを見つけてくるので喜ばれていたが、実際は自分で作っていたのだ。

このように相手が望んでいる内容の文書がしばらくすると出てくる傾向は、『東日流外三郡誌』においてもあった。青森県で縄文時代の三内丸山遺跡が一九九四年に発掘されると、和田家から新たにその建物のことが書かれた文書が見つかったのである。これにより『東日流外三郡誌』の信頼性は増したのだが、この文書も遺跡発見後に和田が創作したのだ。もし遺跡発掘前に、その遺跡の存在を示したものが「発見」されていたのであれば、また事情は異なるが、残念ながら、そうではない。

和田喜八郎は一九九九年に亡くなったが、彼が捏造した古文書の全体像は、誰にも把握できない。全体が捏造なのだから、部分的には信頼できるという弁護は、あまり意味がなさそうだ。

もちろん、「あったかもしれないもうひとつの歴史」、フィクションとして楽しむのであれば、何の問題もない。

『東日流外三郡誌1 古代篇(上)』
東日流中山史跡保存会編
八幡書店、一九八九年

東日流中山史跡保存会編の『東日流外三郡誌』全六巻は八幡書店から刊行されている。この版元は神道の本も出しているが、ホームページを見ると、「古史古伝と異史」というジャンルの本を多数刊行しており、そこには、「竹内文書」「ウエツフミ」「富士宮下文書」「神代文字・神字」「東日流文書」「ユダヤ渡来説」「巨石・ピラミッド・謎の遺跡」「異説」「天皇伝説」「秀真伝」「九鬼文書」「契丹古伝系」などが列記されている。つまり、これらはみな根は同じなのだ。

Fake 8

シェイクスピア文書

文豪の未発表戯曲の真贋

シェイクスピアの未発表手稿

偽書というものは、何も歴史書に限らない。もともとフィクションである小説や戯曲などにも、偽書はある。

いまから二〇〇年ほど前の一七九六年四月二日、イギリスのロンドン、ドルリー・レーン劇場という名門劇場で初演を迎えた演劇は、なんと、ウィリアム・シェイクスピアが書いた新発見の作品という触れ込みだった。

そのタイトルは『ヴォーティガン』。主演は当時最も有名なシェイクスピア役者、ジヨン・フィリップ・ケンブルだった。

はたして、本当にシェイクスピアが書いた作品なのか。

ことの発端は、一七九四年十二月に、ロンドンの古書商サミュエル・アイアランドの店に大量のシェイクスピアの未発表手稿が持ち込まれたことに始まる。

最初は契約書などのシェイクスピアが関係した法的文書や、領収書などの類だけだったが、そのうちに、女性に宛てて書かれた詩やラブレター、さらには名作『リア王』の初稿や、『ハムレット』の初稿の断片が出て来て、さらにはこれまで存在が知られていない戯曲まで現れた。

シェイクスピアは世界で最も有名な劇作家・詩人だが、同時に最も謎めいた人物でもある。世界で最もその名前と作品が知られている劇作家なのに、シェイクスピアがどんな人物だったかはよく分からないのだ。その正体をめぐっては諸説入り乱れており、複数の人間による合作だったとか、哲学者ベーコンだったとか、女性だったとか、さまざまな説がある。

通説では一五六四年が生年とされ、一五八五年にはロンドンに出て、一五九二年から一六一二年頃までの二十年間がその活躍期間とされている。

こういう「謎の人物」は、偽書製作者にとって魅力的である。いくらでも、想像の余地があるからだ。これが、当人が生涯にわたって一日も欠かさずに書き続けた日記があるとか、手紙をたくさん書いていたとか、同時代の第三者による記録があると、生涯に空白期間がなく、「未発表の作品」が存在する余地がなくなってしまう。

奇妙な父子

この事件の表の主役は、古書と骨董の店を経営するサミュエル・アイアランドである。生年は分からないが、もうひとりの裏の主役、息子のウィリアム・ヘンリー・アイアランドは一七七七年生まれとされるので、サミュエルは十八世紀前半に生まれているはずだ。

サミュエルはシェイクスピアを崇拝し、この文豪に関するものなら手当たり次第、手に入れようとしていた。それは彼のビジネスでもあったが、趣味・道楽でもあり、彼の人生のすべてだった。家庭での話題もシェイクスピアばかりで、子どものことなど、どうでもいい、そんな父だった。

サミュエルには妻はいないが、娘が二人と、息子のウィリアム・ヘンリーがいて、彼らの母親については、はっきりしたことが分からない。アイアランド家で働いていた家政婦はサミュエルの愛人でもあったとされるので、ウィリアム・ヘンリーの母だという説が有力だが、同居しているのに親子と名乗ってはいなかったようだ。姉たちと母が同じかどうかも分からない。

そういう意味で複雑な父子関係にあり、これが事件の深層にあるようだ。

一七九三年、この父子はシェイクスピアの生地で、この文豪を愛好し敬愛する者にとっての聖地であるストラトフォード・アポン・エイヴォンを訪れた。この旅でも、サミュエルはシェイクスピアに関するさまざまなものを買った。なかにはかなり怪しいものもあり、ウィリアム・ヘンリーは業者のカモにされている父を軽蔑しながら眺めていた。そして、このシェイクスピア狂いの父をからかってやろうとの思いを抱くようになる。

ウィリアム・ヘンリーは法律事務所に勤めていた。まだ若いが契約書などの法的文書についての知識があった。シェイクスピアの作品を偽造するのは難しいが、法的文書を作りそこにシェイクスピアのサインを偽造するくらいならできそうだと思い立つ。目的は、あくまで父を騙してからかってやろうというものだった。サミュエルはシェイクスピアの肉筆のあるものを、戯曲の原稿でなくてもかまわないから手に入れたがっている。彼はいまだに一枚も持っていないのだ。息子は父のその願いを叶えてやろうと思った。

一七九四年十二月二日、ウィリアム・ヘンリーは父に、「シェイクスピアと友人の俳優ジョン・ヘミング（実在する）との間の賃貸契約証書を見つけた」と告げた。父は喜んだ。そしてすぐに見せてほしいと言った。だが、ウィリアム・ヘンリーはこう説明した――文書の持ち主は「H氏」という。この人物は表に出ることを嫌い、住所も本名も明かすことはできない。この秘密を守るという条件で見せてもらった。さらにH氏はいま旅行中なので、戻り次第、写しを作ったうえで渡してくれることになっている。

それから二週間後の十六日、ついにウィリアム・ヘンリーは賃貸契約証書を父サミュエルのもとへ持ってきた。サミュエルはじっくりと見た後で、「これは本物だ」と言った。息子は「どうぞ、お受け取り下さい」と言った。

サミュエルはついにシェイクスピアの肉筆の文書を手に入れた――と思い込んだ。こうして、息子のささやかな復讐は成功した。だが、この父の欲望は際限がない。謎の人物H氏が他にも持っているのではないかと思い、息子ウィリアム・ヘンリーに手に入れてくれと頼んだのだ。

そこでウィリアム・ヘンリーは贋作づくりに励み、二か月ほどの間に、父が望むような文書――領収書や入場券といったものや手紙などを次々と作った。父はそのたびに興奮した。やがて『リア王』の下書きなど、創作に関する文書も作るようになった。

シェイクスピアに生涯を捧げているようなサミュエルだから、当然、シェイクスピアの筆跡も知っているし、文章の癖も、当時の文法も分かっているはずなのだが、いとも簡単に騙されたのだ。その最大の理由は彼が息子を信じていたからだった。それは息子が贋作をするような悪い人間ではないと信じていたのではなく、そんな能力があるはずがないと信じ込んでいたからだ。偽書、贋作を作るには知識と才能が必要だ。サミュエルは息子を認めていなかったのである。

さらに、あまりにも自分が欲しいものが次々と出て来たので、冷静さを喪っていたとも言える。やがてサミュエルは、何か完成した作品はないのかと息子にねだるようになった。

未発表戯曲の登場

このころになると、ウィリアム・ヘンリーも、贋作が面白くなっていたのだろう。一七九五年二月に『ヴォーティガン』という戯曲があると父に伝えると、二か月で書きあげた。贋作とはいえ、そんな短期間で書いてしまうのだから、ウィリアムは才能があったのだろう。

すでにサミュエルがシェイクスピアの未発表の文書を多数所持したことは公表されて

おり、戯曲もあると明らかにしたので、ロンドンの複数の劇場が上演したいと申し込んできた。上演に向けての劇場との駆け引きも始まった。サミュエルは前金を望むが、劇場は戯曲を見てからでなければ払えないと言い、なかなか話はまとまらない。上演予定は何度も延期となった。

サミュエルとしては『ヴォーテガン』を上演して評判をとってから、これまでに発見された文書を『シェイクスピア文書』として出版しようと考えていた。そうすれば本も売れる。出版計画は進み、一七九五年十二月二十四日に『シェイクスピア文書』として発行された。当初の目論見ではこの頃までに『ヴォーティガン』も上演されているはずだったが、結局、年を越してしまう。

サミュエルの『シェイクスピア文書』が刊行されると真贋論争が激しくなった。この時点ではサミュエル自身が贋作していると疑われていた。サミュエルはそれだけは自信をもって否定できた。実際に彼は贋作には手を染めていないのだ。

その真贋論争のなか、『ヴォーティガン』の上演は一七九六年四月二日と決まった。エイプリルフールの四月一日にしようという自虐ギャグのような案もあったが、それは退けられたのである。

上演するのは名門のドルリー・レーン劇場、主役を演じるのは名優ジョン・フィリップ・ケンブルだった。観客のなかには贋作かどうかを確かめようとやって来た人も多かった。

幕が開くと、観客は第一幕はおとなしく観ていたが、あまりにつまらない。第二幕になるとひそひそ声が始まり、第四幕ではブーイング、そして第五幕にいたり、「このいかめしいペテンが何とか終わればいいのに」との台詞で、観客は大爆笑となり、完全な失敗に終わった。この失敗は、どうも俳優たちが意図的にへたに演じたからともされている。結局、上演は一回で終わった。

シェイクスピアが書いたものではないことが判明した現在の視点からは、失敗作なのは当然のことだ。だが、そもそも劇作家としてはまったく実績のないウィリアム・ヘンリーが書いた戯曲が、名劇場で名優によって上演されたのは事実であり、シェイクスピ

『シェイクスピア贋作事件――ウィリアム・ヘンリー・アイアランドの数奇な人生』パトリシア・ピアス著、高儀進訳、白水社、二〇〇五年

この贋作事件のドキュメンタリー。小説のように面白い。

ア作品かもしれないと思わせるものを、彼が書いたのも事実なのだ。

ともあれ上演失敗により贋作説が一気に強まった。

贋作であると論証したのは、エドマンド・マーロンという研究者だ。彼は、『リア王』の手稿なるのものを手にした瞬間から違和感を抱いたらしい。何十枚もあるものだったが、その紙の透かし模様がみな違っていたのだ。ウィリアム・ヘンリーは二百年前ものと見せかけるために古い本の、見返しの印刷されていないページの紙を使っていたのだ。だから、見かけは同じような紙でも、一枚一枚は異なっていた。もし本当に当時書かれたものであれば、そんな一枚ごとに透かしの違う紙を使うはずがなかった。

やはり偽書・贋作は物的証拠を提示してはいけないのだ。偽書の鉄則に従えば、ウィリアム・ヘンリーは、オリジナルは見せられないとがんばり、写しのみを渡すべきだったが、父サミュエルは肉筆であることにこだわるので、そうはいかなかった。

父子の微妙な関係と、それが生んだ見えない確執がこの人騒がせな事件を生んだ。

サミュエルは信用を喪い、失意のうちに一八〇〇年に亡くなった。ウィリアム・ヘンリーは父の死後の一八〇五年に『告白』と題した本を書き、全てを告白した。

Fake
9
ショスタコーヴィチの証言
冷戦下の謀略か、真実の告白か

反ソ宣伝か真実の告白か

米ソ冷戦時代の一九七九年、四年前の一九七五年に亡くなったソ連を代表する作曲家、ドミトリー・ショスタコーヴィチが「没後に公表すること」を条件にして生涯について語った「自伝」が、アメリカで英語に翻訳されて出版された。

ショスタコーヴィチはソ連共産党員でもあり、ソヴィエト国家に忠誠を誓った音楽家だと西側では思われていたが、その内面は、まったく逆だったことが告白され、全世界の音楽ファンに衝撃を与えた。しかしソ連政府はこれを「反共・反ソキャンペーンのために作られた偽書」だとして、攻撃、批判した。

クラシック音楽の作曲家の本は、日本ではなかなか売れないのだが、『ショスタコーヴィチの証言』と題された日本語版もベストセラーとなった。

はたして、音楽史上最大の偽書なのか、真実を告白した書なのか。

社会主義国を生き抜いた作曲家

ショスタコーヴィチは一九〇六年に生まれ、一九七五年に亡くなった。

ソ連は二十五年ほど前まで存在し、地球の半分を直接、間接に支配していた社会主義国である。いまのロシアを中心に十五の共和国で構成されていた。共産党の一党独裁で、支配していたのは、ソヴィエト共産党だ。

ショスタコーヴィチが十一歳になる一九一七年にロシア革命は起きた。帝政ロシアは崩壊し、皇帝は殺され、史上初の労働者と農民による国家が誕生したのだ。

ショスタコーヴィチはたまたまロシアに生まれ育っただけで、当人が、望むと望まざるとにかかわらず、社会主義国に生きることになった。

社会主義は平等な世の中にしようという理想から生まれた運動で、ソ連も、皇帝の圧政に耐えていた人民が蜂起して、自分たちの国を作ろうとしてできた国家だったが、共産一党独裁になり、さらにスターリンが党の実権を握ると、反対勢力を殺したり強制収容所に入れるなどの大粛清時代になった。

自由がないことに我慢ができない藝術家や文学者の多くが亡命した。その一方で、政治体制にかかわりなく、祖国ロシアの民族としての伝統や文化を守りたいと、ソ連に留まった藝術家も多い。ショスタコーヴィチはそのひとりだった。

栄光と失意

ソ連は、社会主義が資本主義よりも優れていることを世界に示すため、藝術やスポーツの分野では、才能のある子がいると国家が全面的に支援し、育てていた。国家、すなわち共産党に逆らわないでさえいれば、藝術家は尊敬され、経済的にも恵まれていた。

ショスタコーヴィチは、ピアノと作曲をレニングラード音楽院（現サンクトペテルブルグ音楽院）で学び、一九二五年に卒業作品として書いた交響曲第一番は世界的にも注目され、ソ連が誇る若手作曲家として活躍した。

そのショスタコーヴィチの運命が暗転するのは一九三六年のことだ。オペラ『ムツェンスク郡のマクベス夫人』をソ連の最高権力者であるスターリンが観劇したところ、途中で席を立ってしまったのだ。これが一月二十六日で、その二日後の二十八日、ソヴィエト共産党機関紙「プラウダ」がこの作品とショスタコーヴィチを全面的に否定し、攻撃する大キャンペーンを展開した。

この作品は人妻が不倫をして夫を殺してしまうという話で、社会主義であろうがなかろうが、反道徳的な話ではあるのだが、だいたいオペラにしても演劇にしても、あるいは文学にしても、悪人を描くのが、藝術というものだ。不倫や殺人を描くことそのものは悪いとは言えない。実際、このオペラは一九三四年一月に初演されると、ソ連国内はもとより外国でも絶賛され、二年にわたり何の問題もなく上演されていた。それなのに、スターリンが途中で帰ってしまったので、突然、批判されることになった。だがスターリンが帰ったのはオペラが気に入らなかったのではなく、単に眠くなっただけかもしれず、彼はこのオペラについて何も公の場では語っていない。

ソ連においてスターリンに睨まれたら、そのままシベリアの強制収容所に送られるか、死刑になることを意味していた。しかし、ショスタコーヴィチは国際的に名声があったため、どうにか助かり、ソ連当局が掲げる文化政策である「社会主義リアリズム」に従ったとみられる交響曲第五番を書いて、復権した。

その後は第二次世界大戦におけるドイツ軍のレニングラード侵攻と、それと戦うソ連の人民の勝利を描いたとされる交響曲第七番『レニングラード』を書いて絶賛された。この曲は当時反ナチス・ドイツという点で共闘していたアメリカやイギリスでも評価された。

その後も共産党から批判されたこともあったが、どうにか切り抜け、一九五〇年代後半には、ロシア革命を描いた交響曲第十一番『一九〇五年』、第十二番『一九一七年』なども書き、国内では絶賛された。しかし西側ではソ連共産党のプロパガンダだと批判された。

さらに共産党に入党しソ連最高会議の代議員になったことで、西側からは、共産党に妥協し、言いなりになった御用作曲家だとのレッテルを貼られた。

こうして、ショスタコーヴィチは一九七五年に「ソ連の偉大な作曲家」として亡くなった。ここまでは、ひとりの偉大な作曲家の真実の伝記の概略である。

二十世紀最大の偽書事件の勃発は、ショスタコーヴィチの死後のことだった。

一九七九年、ソ連からアメリカに渡ったソロモン・ヴォルコフという音楽学者が、ショスタコーヴィチが生前に「死後出版すること」との条件付きで、回想録を口述し、自分はそれを預かっていると発表したのだ。

さっそく、アメリカで英語版が出版されるやたちまちベストセラーとなり、世界各国で翻訳出版された。日本でも大手の中央公論社から『ショスタコーヴィチの証言』という題で翻訳出版され、現在も文庫で読める。

しかし、ソ連でだけは出版されなかった。

米ソ冷戦時代ゆえの大反響

出版された『ショスタコーヴィチの証言』は、西側でも確認できる、何年何月に何があったというような事実が書かれている。ショスタコーヴィチ自身にしか分からない、彼の内面を語った部分が、これまでの発言内容を大きく覆すものだった。

革命の勝利を謳いあげたと思われていた交響曲第五番は、実は「強制された喜び」を表現していたものだという。ショスタコーヴィチ作品を最も多く指揮し、盟友とされていた指揮者ムラヴィンスキーのことも、「何も理解していない指揮者」と書かれていた。

それよりも、ソ連社会に対する厳しい批判が書かれていた。まじめな共産党員だと思われていたショスタコーヴィチは、実はそうではなく、共産主義者のふりをしていただけだったのだ。

ちょうどソ連から作家ソルジェニーツィンが亡命し、ソ連の暗部を描いた『収容所群島』が出版された直後でもあったので、ソ連当局は過敏に反応し、この『証言』はヴォルコフがでっちあげた偽書であるとの大キャンペーンを展開した。

ソ連を代表する作曲家だったショスタコーヴィチが「反共の闘士」だったとなると、ソ連の面目は丸つぶれである。国内的にもしめしがつかない。

一方のアメリカをはじめとする西側諸国は、あのソ連を代表する作曲家が仮面をかぶっていて本当は反共であり、いかにソ連が藝術家を苦しめていたかが明らかになったと、鬼の首をとったかのような大騒ぎとなった。

この『証言』は、ショスタコーヴィチの音楽を演奏する人、それを批判する人びとにも衝撃を与えた。それまでの曲の解釈が一八〇度、逆転してしまうからだ。革命の勝利を喜んだ曲と思っていたものが、そうではなかったのだから、演奏もこれまでと同じというわけにはいかなくなる。研究者は、はたして本当にショスタコーヴィチの真意が書かれたものなのか、判断に悩んだ。

ヴォルコフが提示した原稿は、ソ連製のタイプライターで打たれたもので、彼の説明によると、ショスタコーヴィチが話したものをヴォルコフが文章にし、タイプに打ち、一章ごとに、それを読んだショスタコーヴィチがサインをしたという。

当初、偽書だと主張していたのはソ連当局だけだったが、ソ連崩壊後、外国の研究者がロシアに行き、ショスタコーヴィチとその関係者の日記や手紙を調査した結果、今日では大半の研究者が、これはヴォルコフによる創作だと結論づけている。

誰にも分からない「本心」

まず、ショスタコーヴィチがこのような『証言』をヴォルコフのもとに残したことを、家族も親しい友人も誰も聞いていない。出版された一九七九年当時であれば、ソ連当局に捕まるのを恐れて黙っていた可能性もあるが、社会主義体制が崩壊し、民主化された以上、もし仮に、ソ連批判が書かれている『証言』が本当のものであれば、ショスタコーヴィチは共産主義と闘った英雄になるわけだから、それを知っていた友人や知人が名乗り出ても、何ら不利益にはならない。

それなのに、家族も友人も、この『証言』は本物ではないと主張している。とくにショスタコーヴィチの妻のイリーナは、この『証言』を口述したとされる晩年のショスタコーヴィチは病気がちで、常に彼女が付き添っていたが、ヴォルコフと会ったのは数回であり、これだけ膨大な証言を語るのに必要な数十時間にわたるであろう時間を、彼女に知られずにヴォルコフが得たはずがないと言う。

ソ連時代には何人ものショスタコーヴィチの友人が、ヴォルコフを非難する声明に署名した。これは当局に命令されたからだとの解釈も成り立つが、ソ連崩壊後も、友人たちの誰ひとり、ショスタコーヴィチがヴォルコフに『証言』を託していたとは語っていない。この点については、ソ連時代も崩壊後も家族や友人たちは一貫しているのだ。

ショスタコーヴィチは生前、ソ連国内のメディアに自分の生涯について何度も語っており、詳細な評伝も出ていた。『証言』はそうした誰もが知っている部分については目新しいことはなかった。つまり、資料を見ただけでも書ける内容だった。衝撃的なのは、ショスタコーヴィチの内面、つまり当人しか知らない感情における記述なのだが、これは、まさに内面であるので、真贋の検討が困難である。

アメリカの研究者ローレル・ファーイは、この『証言』とそっくり同じ文章が存在していることを突き止めた。ヴォルコフはこれらを書き写し、そこに自分が創作した話を加えたにすぎないと主張した。

ヴォルコフは原稿の公表も拒み、反論もしていない。つまり、偽書と主張する人びととの論争を避けている。この『証言』が本当にショスタコーヴィチが語ったものだったとしても、彼が本心を語ったかどうかは、永遠の謎である。

日本では、中央公論社という一流の出版社から翻訳出版されたこともあり、いまだにこれを信用して引用している音楽評論家も多い。しかし、ショスタコーヴィチの生まれたロシアやアメリカ、ヨーロッパの研究者のあいだでは、この真贋論争は偽書ということで決着したというのが共通認識である。

贋作でも偽書でもないが、ショスタコーヴィチの交響曲第五番の「革命」という題名もまた捏造である。これは日本でのみ付けられている題名だ。ショスタコーヴィチ自身はこの第五番には何のタイトルも付けていない。だがこの曲が一九三七年十一月にロシア革命二十周年記念行事として初演されたこともあり、日本では「革命」と呼ばれているのだ。ベートーヴェンの交響曲第五番が「運命」と呼ばれているので、それを真似たのかもしれない。

だが、ベートーヴェンの五番も、ベートーヴェン自身は何のタイトルも付けていない。ドイツでもかつてはこの曲に「運命」というニックネームがあったらしいが、いまもなおそう呼んでいるのは日本だけだ。マーラーの交響曲第一番を「巨人」と呼ぶのも、いまや日本だけだ。日本のクラシック音楽界には、演奏家や興行会社、あるいはレコード会社が捏造したタイトルが多い。楽譜については作曲家が書いた通りに演奏しなければならないという厳格主義が採られているのに、タイトルはでっち上げてもかまわないらしい。

捏造したタイトルだと分かっていながら、そう呼んだほうが客が呼べるとして改めようとしない演奏家たちと、それを追認している評論家、ジャーナリストが多いのだ。

『ショスタコーヴィチの証言』
ソロモン・ヴォルコフ編、水野忠夫訳、
中公文庫、一九八六年

日本語版は一九八〇年に初版が刊行され、これは八六年に刊行された文庫版。訳者あとがきでは、偽書説があることも書かれているが、〈明らかにソ連製のタイプライターで打たれたものと知れる特徴あるタイプ文字が並び、各章ごとにショスタコーヴィチの署名の入ったロシア語原稿のコピーは、文脈から考えても、「偽書」と決めつける根拠の薄弱さを証明している。〉と偽書ではないと主張している。このあとがきが書かれたのはソ連時代で、研究も進んでいなかったので、こういう結論になるのも仕方がないかもしれない。しかしソ連崩壊後は、偽書説が主流となっているのに、書き換えることなく、訳者の水野忠夫は二〇〇九年に亡くなった。真正の書と信じていたのだろうか。

Fake

10

鼻行類

何から何までフィクションの動物学の専門書

鼻行類とは?

『鼻行類《びこうるい》——新しく発見された哺乳類の構造と生活』(平凡社ライブラリー)は、ハラルト・シュテュンプケなる人物が書いた、動物学の専門書だ。

ここには、鼻が進化して歩行器官となった珍しい動物についての観察記録が書かれている。

この本のどこを見ても、フィクションだとは書いていない。体裁は学術書そのもので、文章もスタイルも、どこをどう見ても「小説」ではない。

筆者が所有している日本語版は平凡社ライブラリー版だが、そのカバーには、本の内容紹介として、こう書かれている。

「一九四一年、日本軍収容所から脱走した一人の捕虜が漂着したハイアイアイ群島、そこでは鼻で歩く一群の哺乳類＝鼻行類が独自の進化を遂げていた――。多くの動物学者に衝撃を与え、世界を騒がせた驚くべき鼻行類の観察記録。」

平凡社ライブラリーは基本的にはノンフィクションのシリーズだ。この本にはどこにもフィクションと断り書きはない。そそっかしい人は、フィクションとは思わず、そういう動物がいると信じてしまう。

しかしこの本は全体がフィクションなのだ。

これも広義の「偽書」のひとつといっていいだろう。実際、この本を読んで騙されて、こんな珍しい動物がいるのかと思った人はけっこういるらしい。

この『鼻行類』が発刊されたのは、一九六一年、ドイツでのこと。著者のハラルト・シュテュンプケはまったくの無名の研究者で、この時点ですでに亡くなっていた。以下は『鼻行類』に書かれている記述に基づいている。シュテュンプケなる人物は実在しないと思っていただきたい。この本は、著者紹介も含めて、フィクションなのだ。

さて、『鼻行類』によると、こんな動物がいるらしい。【念のために、書き添えれば、

以下はすべてフィクションである。】

鼻行類はその名の通り、鼻を下に向けて歩く奇妙な哺乳類である。鼻は歩行器官としてだけでなく、昆虫などを捕食するのにも使われている。このように鼻が発達したため、四肢は退化していた。

生息地は南太平洋に存在するハイアイアイ群島。発見されたのは一九四一年で、スウェーデン人のエイナール・ベテルスン＝シェムトクヴィストによる。カバーの紹介文にあるように、このスウェーデン人は第二次世界大戦で日本軍の捕虜になっていたが脱走して、漂着したのがハイアイアイ群島に属するハイダダイフィ島だった。その島で奇妙な動物たちを見つけたのだ。

鼻行類は全十四科一八九種からなっていたが、一九五七年の核実験による地殻変動で、ハイアイアイ群島が海没・消滅したので絶滅した。この時、現地で調査をしていたシュテュンプケも行方不明になってしまったのである。だが彼はそれまでの調査結果を動物学者シュタイナーに渡していたので、シュタイナーが遺稿を整理して出版した。

（このあたり、日本の古史古伝の原本が、火山の噴火や洪水や戦乱でなくなってしまうのとよく似ている。）

おもな鼻行類を紹介すると、まず、鼻がひとつの「単鼻類」は、さらに、「原鼻類」「鼻歩類」「管鼻類」「地鼻類」「跳鼻類」などに分類され、それぞれに、○○属○○科と分類されていく。

鼻が複数ある「多鼻類」は、「四鼻類」「六鼻類」「長吻類」とあり、たとえば、鼻が四つの「四鼻類」は、ナゾベーム属ナゾベーム科のハナアルキなどがいる。

図版も空想!?

『鼻行類』は歴史書ではないので、ひとつのストーリーがあるわけではない。ひとつひとつの鼻行類の動物について、その形態的な特徴や観察の結果分かった習性などが、淡々と記されている。さらに著者によるスケッチに基づいた図版も掲載されている。目次に

『鼻行類』
ハラルト・シュテュンプケ著、日高敏隆・羽田節子訳、平凡社ライブラリー、一九九九年

内容は本文に記した通り。訳者あとがきでも、フィクションとは明かさず、ウソをつくことに徹底していて愉しい。

は、「序論」「総論」「各グループの記載」「参考文献」「あとがき」「補遺」「牽引」と続き、いかにも学術書だ。

単に鼻行類の動物たちをひとつひとつ分類して紹介するだけでなく、鼻行類研究のこれまでの歴史とか、生息地とされる南太平洋に存在するハイアイアイ群島に住む人びとの文化とか生活についても言及される。

【以下はフィクションではない。】

この本はドイツで出版されると、学術書としては珍しいベストセラーとなった。さらに英語やフランス語、そして日本語などに翻訳された。日本語版は出版社をかえながらもいまも出ているので、入手可能だ。

日本版はどこにもフィクションだとは書いてないので、鼻行類が実在すると信じた人もいたらしい。新聞の書評などは、著者の遊びに付き合って、あえて本当の学術書のように扱ったものもあり、それを読んだ読者が本当の学術書だと思って買って読み、本当にそういう動物がいたと思い込んだとか、人騒がせなエピソードも伝えられている。

SF小説や映画では、架空の惑星を創造する場合、その生態系から、社会制度、歴史などが詳細に設定される。それを学術書のスタイルでやったところに、この本の面白さがあったわけだが、あまりにも完璧な学術書スタイルだったので、騙された人もいたわけだ。

巻末の参考文献も、実際にある本もあれば、架空の本もあり、どこまでも油断ならない。

もうひとつの「理系偽書」――『秘密の動物誌』

『鼻行類』と同じように、学術書の体裁のフィクションが、『秘密の動物誌』である。この本もフィクションとは銘打たれていないので、本当にこんな動物がいるのかと思った人はいるかもしれない。

著者はジョアン・フォンクベルタとペレ・フォルミゲーラで、一九八四年から製作が開始された。日本語版も一九九一年に出ている。

『鼻行類』が図版がありながらも、文章がメインの本なのに対し、こちらはビジュアル主体だ。

体裁としては、「世界各地に生息する珍獣・幻獣を多数採取し、膨大な観察記録を残したのち謎の失踪を遂げた動物学者、ペーター・アーマイゼンハウフェン博士の資料が発見された」となっている。

序文によると——一九八〇年九月に、この本の編者であるフォンクベルタとフォルミゲーラは、写真エージェントからの依頼でスコットランドへ風景写真の撮影の旅に出た。取材の拠点とするためにグラスゴーの北の小さな村で小さな家を借りて、あちこちをレンタカーでまわって撮影し、一週間で終えた。借りていた家の屋根裏が写真を現像するための暗室となりそうだと気づいて、上がってみた。すると、ボロボロの布で覆われた木製の棚があり、そこには剥製標本、地図、デッサン、写真、カードなどさまざまなものが置かれていた。これこそが、アーマイゼンハウフェン博士の遺したものだったのだ。もちろん、すべてフィクションだ。このような触れ込みで、この本は写真を載せて、見たことのない動物たちを解説していく。

翼の生えたライオンとか、空を飛ぶゾウなど、映画やアニメに登場するような動物の生態写真や解剖図などが載っていて、そこに詳しいデータも書かれている。どれも写真のように見えるが、現実のものではない。

CGがいまほど発達していない時代の本なので、作るのにはかなりの手間がかかったと思われる。

「著者」の二人は、この本は「現実とフィクション、自然界と想像界とを隔てる、曖昧な境界線への旅」だとしている。そして、写真というものを人びとは簡単に信じてしまうが、実は合成したり加工したりして、真実ではないものを作ることも可能なのだと示すのも、この本の意図のようだ。

つまり、「偽書にダマされるな」ということを言いたいための本とも言える。「これは偽書である」と宣言したものである以上、「偽書」ではないとも言えるわけで、なんとも複雑な存在だ。

それにしても、写真があまりにも見事なのと、解説文も読む者を引きこませるものなので、架空の動物だと分かっていながらも、本当にいるのではないかという気になってしまう本である。

創作と分かっていながらも、本物だと信じたくなるという点で、やはりこれも「偽書」といえるだろう。

『秘密の動物誌』
ジョアン・フォンクベルタ・ペレフォルミゲーラ著、
管啓次郎訳、筑摩書房、一九九一年、後に文庫化。

内容は本文に記した通り。ともかく写真が見事である。

Fake 11

クライスラーの「名曲」

新発見のバロック時代の名曲はみな現代の作品

名作曲家の知られざる作品を発掘

佐村河内守《さむらごうちまもる》作曲の交響曲第一番『ＨＩＲＯＳＨＩＭＡ』をめぐる騒動は記憶に新しい。被爆二世で、耳が不自由だという作曲家が広島の原爆の悲劇をテーマにした交響曲を書いたところ、クラシックの新曲として異例の大ヒット作となり、ＣＤはベストセラーになりコンサートもいつも満席になった。ところが、ゴーストライターが書いたものだと発覚した。さらに耳が不自由というのも、どうもウソらしいということで、佐村河内守は何も信用できない人となってしまった。

音楽に限らず、実際に制作した人と名義上の著作者とが異なるケースはよくある。政治家や芸能人、スポーツ選手が書いたとされる本の大半はゴーストライターが書いている。佐村河内守とゴーストライターとの間で合意がなされていれば、代作そのものは犯罪とは言い難いし、贋作でもない。

二十世紀のクラシック音楽界での贋作事件として世界的に有名なものとして、クライスラーによる名曲のでっちあげ事件がある。

フリッツ・クライスラーは二十世紀前半の最も有名なヴァイオリニストで作曲家でもあった。一八七五年にウィーンで生まれ、三歳でヴァイオリンを習い始め、神童、天才少年というコースを経て、十二歳でパリ音楽院を卒業した。

世界一のオーケストラであるウィーン・フィルハーモニー管弦楽団の入団試験には落ちてしまうが、結果としてソリストとして活躍することになり、ベルリン・フィルハーモニーのコンサートでソリストとして共演すると大絶賛され、二十世紀初頭のヨーロッパ各国やアメリカに演奏旅行をして大活躍した。はやくからレコーディングもしているし、日本にも一九二三年に来ている。

クライスラーはモーツァルトやベートーヴェンなどのクラシックの名曲の演奏家としてだけでなく、作曲家としても人気があり、いまでも、『愛の喜び』『愛の悲しみ』をはじめ、演奏される曲は多い。つまり作曲の才能も十分にある人だった。

クライスラーの活動のひとつとして、演奏旅行に訪れた地の図書館などをまわり、その地で活躍した音楽家の埋もれている作品を発掘して、それを編曲して演奏することがあった。

こんにち、クラシックの名曲として有名なヴィヴァルディの『四季』は、一七二三年頃に作曲されたが、一七四二年にヴィヴァルディが亡くなると、すっかり忘れられてしまい、二百年以上たった第二次世界大戦後に再発見されて、大ブームになった。このことが示すように、クラシックの曲は、作曲された後、ずっと演奏され続けるわけではなく、埋もれていたものもけっこうあるのだ。

クライスラーが楽譜を発見して、編曲して演奏したものとしては、『ヴィヴァルディの協奏曲』『ディッタースドルフのスケルツォ』『ボッケリーニのアレグレット』『バッハのグラーヴェ』『クープランのルイ十三世の歌とバヴァーヌ』などが知られている。

これらはクライスラーが一九〇五年に出版した「古典作品集」と題する、バロック時代のヴァイオリンとピアノのための作品集にある曲だ。

なんでも、クライスラーが南フランスの古い修道院で発見した五十三曲の手稿楽譜をもとにしたという。なかには原曲がヴァイオリンで演奏する曲ではないものもあったが、そういう曲は自分でヴァイオリン曲に編曲したと書かれていた。さらに、「伴奏については ある程度現代風に手直ししたが、原曲の精神は損なわないように努めた」と説明されていた。

どこかで聴いたことのあるような感じはするが、誰も聴いたことのない曲だったので、新発見の曲だと話題になり、クライスラーのコンサートでは人気のある曲となった。

ところが、これらには原曲など存在せず、クライスラーが一から自分で作曲したものだったのだ。

クラシックは新曲を次々と演奏するポピュラーミュージックとは異なり、古典の名曲を繰り返し演奏するが、飽きてしまう。プログラムに変化をもたせようと考え、自分が作曲したというより、昔の大作曲家の知られざる曲が発見されたとしたほうが受けもいいだろうと、こういうことをしたのだ。

他人が作った曲を自分のものだと偽るのではなく、自分が作った曲を他人が作ったと偽った点で、面白い。しかし、騙したことには変わりない。

あっさり認めた「偽曲」

ことの発端は、クライスラーが発見し、編曲・演奏した曲について、ある音楽評論家が「作品はすばらしいが、クライスラーの演奏はたいしたことがない」と批判したことだった。クライスラーは気さくな人柄でも知られ、めったに怒らないのだが、これには怒って、その評論家に抗議の手紙を書いた。

その手紙がまわりにまわって、「ニューヨーク・タイムズ」の記者の手に渡った。その記者はかねてから、クライスラーが編曲したとされる曲について、けっこう有名になっているのに、その「原曲」を演奏する者が他に誰もいないことに疑問を抱いていた。

そこでウィーンにいたクライスラーに質問し、原曲の楽譜を見せてほしいと求めた。すると、クライスラーは「○×作曲・クライスラー編曲」は、原曲など存在せず、すべて自分が作曲したのだと告白した。

いかにもその作曲家が作った曲であるかのように、作曲家ごとの特徴をいかしてあったので、聴衆も、そして評論家までもが騙されていたのだ。完全に一から作曲したものもあれば、部分的にはその作曲家の他の作品を引用しているものもあったらしい。

一九三五年二月に、このことが「ニューヨーク・タイムズ」に掲載されると、大反響を巻き起こした。ほとんどは、「騙していたとはひどい」というものだった。「作品はいいが、演奏が下手だ」と言った評論家など、面目丸つぶれである。音楽の評価の難しさを物語るエピソードだ。

しかし別に訴えられることもなく、騒ぎは沈静化し、その後は『クライスラー作曲のヴィヴァルディの様式の協奏曲』『クライスラー作曲のバッハの様式のグラーヴェ』などとして、演奏されるようになった。

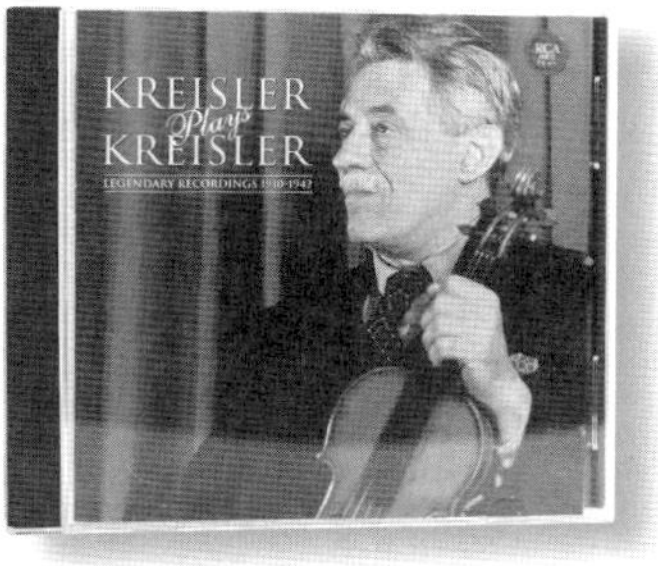

「クライスラー自作自演集」(CD)
ソニー・ミュージックエンタテインメント
「クープランのスタイルによるルイ十三世の歌とパヴァーヌ」「マルティーニのスタイルによるアンダンティーノ」「クープランのスタイルによるプロヴァンスの朝の歌」「クープランのスタイルによる才たけた貴婦人」などが収録されている。

当時はヴィヴァルディなどは、ほとんど忘れられていたし、フランスのバロック音楽も人気がなかったが、クライスラーのこの騒動のおかげで注目され、再評価につながるという副産物もあった。

クライスラーはユダヤ系だったので、ナチが政権を握ると、ヨーロッパには居づらくなり、アメリカに渡り、一九四三年にはアメリカ国籍を取得した。戦後も活躍していたが、五〇年に引退し、六二年に交通事故で亡くなった。

Fake 12

台湾誌

でたらめな台湾の地理と歴史の本が作ったアジアのイメージ

ヨーロッパに広まったアジアの「奇説」

台湾が独立した国であるのか、中国の一部なのかの議論は、ここでは置いといて、とりあえず「国」としておく。

この台湾の歴史と地理について書かれた『台湾誌』なる書物がロンドンで出版されたのは、一七〇四年のことだった。この本の正しいタイトルは、「Historical and Geographical Description of Formosa, an Island subject to the Emperor of Japan」、つまり、『日本皇帝支配下の島である台湾の歴史地理に関する記述』となる。

たしかに、台湾は日本の支配下だった時代はあるのだが、この本が出た一七〇四年はまだ日本は江戸時代で鎖国している。台湾を支配などしていない。こんなふうに、書名からしてすでにインチキなこの本は、全編にわたり、デタラメばかりだった。しかし当時のヨーロッパでは誰も台湾のことを知らないので、読んだ人は信じてしまったのだ。

誰も知らない極東の島

『台湾誌』の著者はジョルジュ・サルマナザールなる人物。一六七九年、フランスに生まれたという。しかし、これが本名なのかは不明だ。

公になっている経歴によると、イエズス会の神学校に学んだ後、オランダやドイツの軍隊に身を投じた。一七〇三年に従軍牧師ウィリアム・イネスに見出され、ロンドンに住むようになったという。

『台湾誌』の初版はラテン語で出版され、一七〇四年に英語、その後、フランス語、オランダ語に翻訳された。ラテン語で出すあたりが、学術書としての権威を感じさせた。

この本は大反響を呼んだ。なにしろ、中国だってその内実はヨーロッパではよく知られていない。そのさらに東の海に台湾なる島があり、ヨーロッパ人とは全く異なる生活習慣や言語を持っているというので、多くの人の関心を呼んだのだ。

当時は裕福な知識階層しか本など読まない。そういうエリートたちが信じてしまったのも、台湾や日本への知識がゼロだったからである。

サルマナザールは自分を台湾人であるとして、肉を生で食べたり椅子に正座で座ったりするなど、「台湾の風習」を実演した。もちろん、そんな風習は実際にはなく、彼がでっちあげたものだ。

サルマナザールが捏造したのは台湾のすべてである。歴史から地理から風習から、そして言語や文字まででっちあげた。この才能は、ある意味ではすごい。ひとつの世界を作ってしまうのだ。いまならハリウッドでSFかファンタジー映画を作れるくらいの才能だ。

台湾人の服装についてもその身分ごとの特徴を記し、その他、食生活、儀式や風習、政治、生活様式なども詳細に記した。刺激的な習慣があったほうが話題になると思ったのか、年間に二万人の少年の心臓を生贄として捧げるなどとも書いてあったという。

全体的な特徴としては、タイトルに日本皇帝が支配しているとあるように日本との関係の深さが強調されている。言語は日本と同じだそうだ。そして日本人は、大昔に中国から追放されて台湾に移り、それから日本に移った人々なのだそうだ。その台湾にいた時代に、中国を恨んでいたので、中国本土とは別の言語、生活習慣にした。その後、台湾に残った人びとと、日本に移住した人びとでは、言語や習慣が変わったので、両国はいまではだいぶ異なるようになったが、似ている部分もあるとか。

台湾の最大権威となる

台湾の人びとと日本人が読めば、すぐにデタラメだと分かるが、当時のヨーロッパでは、この本は事実が書かれていると、まじめに受け取られた。アジアへの関心は高かったので、たちまちサルマナザールはアジアに詳しい人として、社交界での名士となった。調子に乗ったサルマナザールは『日台人対話録』なる対話録も出版した。もちろん、すべてでっちあげだ。しかし、やがて疑いがもたれるようになり、ついにサルマナザールは真実を告白し、改心して教会に戻ったという。

告白したのは、『台湾誌』を出版して二十五年後のことである。この間、信じられていたのだ。当然、影響は大きい。ヨーロッパ人の中国、台湾、日本に関するイメージの原型ができあがってしまったからだ。

ジョナサン・スウィフトの『ガリヴァー旅行記』は「小人国」と「巨人国」の話が有

名だが、ガリヴァーは日本も訪れている。その記述には、『台湾誌』の影響と思われるものがあるという。

『東方見聞録』もそうだったが、嘘の旅行記は、それが嘘と確認されるまでは信用されてしまう。二十世紀になると、金星に行ったとか、宇宙人の空飛ぶ円盤に乗ったという話がもてはやされたが、それと同じなのだ。

Fake 13

伊藤律インタビュー

大新聞社がでっちあげた架空インタビュー

大新聞が捏造

朝日新聞の誤報事件と言えば、従軍慰安婦をめぐる報道や、東京電力福島第一原発事故での当時の吉田所長の調書をめぐる事件が記憶に新しい。

従軍慰安婦問題は、朝日新聞の記者が騙されたという側面を持つし、原発事故の吉田調書問題は、調書そのものは存在しており、その解釈が恣意的だったという問題で、でっちあげ、捏造でない。

しかし半世紀前に、朝日新聞は完璧な捏造記事を掲載していた。それが、「伊藤律《りつ》架空会見記事件」である。

伊藤律といってもいまや知る人も少ないだろう。日本共産党の指導者のひとりだった人物だ。この伊藤が当局の目を逃れるために潜伏していた時期に、朝日新聞記者が単独インタビューに成功したとの触れ込みで、センセーショナルな記事が掲載されたのだが、これが完全な捏造だったのだ。これもまた「偽書」のひとつであろう。

ある共産党員の過酷な生涯

伊藤律は一九一三年に岐阜県で生まれた。

神童とまで称された秀才で、いまの東京大学教養学部にあたる第一高等学校に入学すると、在学中から社会主義運動に参加した。一九三三年三月に日本共産党の正式な党員となったが、五月には検挙されてしまった。この頃の共産党は非合法で、政府によって弾圧され常に警察の監視下にあった。警察は党内にスパイも潜り込ませていた。

伊藤は以後も何度も検挙され、獄中で敗戦を迎えた。

敗戦により日本が民主化されると、伊藤はいちはやく釈放された。やがて共産党の幹部で獄中にあった徳田球一や宮本顕治らも釈放され、党は再建された。一九四六年になると伊藤は党中央委員・書記局員、さらには政治局員に就任した。当時の書記長は徳田球一で、伊藤はその右腕と呼ばれていた。

一九五〇年になって、日本共産党はソ連が指導するコミュンフォルムから批判を受け、徳田が率いる所感派と、宮本顕治らの国際派とに分裂し、伊藤は徳田の所感派に属した。党内抗争は激化し、さらに占領軍の公職追放もあったため伊藤は地下に潜行した。

一方、徳田は建国されたばかりの中華人民共和国に亡命したため、国内に残る所感派の後継者争いが起きる。

この時点で伊藤律は占領軍と日本の警察を敵にし、さらに共産党内では国際派が敵となり、味方のはずの所感派も分裂しているという状態だった。誰も味方がいない。伊藤は表に出るに出られず、地下に潜伏していたわけだが、そのため、死亡説、米国亡命説、中国亡命説など諸説入り乱れることになった。

潜伏していた共産党幹部の独占インタビュー

そんななか、一九五〇年九月二十七日、朝日新聞が「山中で伊藤と接触した」という記事を載せたのである。朝日新聞社神戸支局の記者が、伊藤と宝塚市の山林で会見に成功したとして、報じられた。

それによると——記者は目隠しされて潜伏先のアジトまで案内されたうえで、会見できたという。記事には、話している間の伊藤の表情が臨場感をもって描かれ、さらに記者との一問一答まで紹介されていた。

掲載にあたり朝日新聞社の大阪本社内部では信憑性を疑う声も出たが、書いた記者が「大丈夫だ」と言い張った。一方、東京本社の共産党事情に詳しい記者は、伊藤が会見に応じるはずがないと主張していた。しかし、社内での東京と大阪のライバル意識もあったので、東京本社サイドとしては、大阪に抜け駆けされたので難癖をつけていると思われるのを避けたいためか、強くは言わなかった。

かくして、大阪本社に押し切られて、記事は東京本社版にもでかでかと出た。

この会見報道に驚いたのが、当の伊藤律である。記事が掲載された時は東京にいたのだが、新聞を見て、「思わず吹き出した」と後に記している。それはそうだろう。会見した覚えもないのにインタビュー記事が載っていたのだ。だが伊藤は潜伏しているので、「この記事はでっちあげだ」と、表に出て抗議するわけにもいかず、そのまま無視した。

記事に関心を示したのは伊藤を追っていた警察だった。警察は記事を書いた記者を取り調べると、伊藤律と会っていたはずの時刻に旅館にいたことが発覚し、供述に矛盾が出てくる。そこを突くと、記者はすべて虚偽であったと自白した。

朝日新聞は三日後の九月三十日に謝罪する社告を出した。捏造の理由は、特ダネを書きたいという功名心からだったという。担当記者は退社し、神戸支局長は依願退社、大阪本社編集局長は解任となった。

後に伊藤が明かしたところでは、その記者は、伊藤の一高時代の共産党員仲間の同級生の中学での後輩だった。その同級生が亡くなり、一九四八年に追悼の会があり、そこで伊藤とその記者は面識を得たようだ。記者があたかも目の前で話しているかのように伊藤の人相や仕草を書くことができたのは、その時に観察していたからだった。逆に言えば、伊藤のことを少しでも知っていたので、架空会見記を書けると思い立ったのであろう。

伊藤はその後、徳田のいる中国へ行く。共産党所感派の内部対立はますます激しくなるなか、徳田は病死した。

すると党内で伊藤にスパイ容疑が浮上した。当時、日中の共産党は友好関係にあったので、日本共産党の要請を受けた中国共産党は伊藤を拘束した。革命運動に生涯を捧げた伊藤は、共産党が弾圧されていた日本と、共産党による革命が成功した中国の両方で獄中に入れられたのだ。日本共産党は伊藤を除名した。

その後、日中の共産党は絶縁し、伊藤の消息はまったく不明となったが、一九八〇年になって、中国政府は伊藤の生存を発表し、九月に伊藤は日本に帰国した。腎臓を害し片目を失明し、車椅子での痛々しい帰国だった。

伊藤はスパイ容疑を否定したが、共産党は「伊藤除名は正しい」との見解を維持した。また伊藤は、日本史上最大のスパイ事件ともいわれるゾルゲ事件にも関与していたと、戦前の治安当局はみていた。これについても伊藤は否定している。

帰国後、伊藤は「獄中二十七年の記録」をかつての同志に語り、それをもとにして朝日新聞は同年十二月に証言録を掲載し、これに加筆したものが『週刊朝日』に連載され、さらに『伊藤律の証言』として一九八一年二月に朝日新聞社から出版された。

『伊藤律の証言　その時代と謎の軌跡』
川口信行、山本博著、
朝日新聞社、一九八一年

著書の川口は朝日新聞出版局編集委員、山本は朝日新聞東京本社社会部の記者(当時)。本書は三人称によって伊藤の生涯と共産党の歴史が書かれ、随所に伊藤の肉声による「証言」が挿入されている。伊藤が語った相手は「友人」であり、川口や山本に直接、語ったものではない。また友人の名は明かされていない。

ところが、この「証言」もまた、伊藤が公表の過程を納得せず、「自分の証言ではない」と主張する事態になった。どうも、朝日新聞と伊藤とは、うまくいかない。

伊藤は、昭和天皇が亡くなった一九八九年八月に七十六歳で、生涯を閉じた。死後、『文藝春秋』に伊藤の回想録が「日本のユダと呼ばれた男」として連載され、一九九三年に『伊藤律回想録——北京幽閉二七年』として文藝春秋から刊行された。これも死後に公表されたものなので、はたしてどこまで信頼できるのかとなると、疑問が残る。

Fake 14

義経＝チンギス・ハーン説

英雄伝説を彩る偽書

義経とチンギス・ハーンは同世代

源義経が衣川《ころもがわ》で死なずに生き延びて、東北地方を点々として、やがて蝦夷地《えぞち》（北海道）に渡り、さらには大陸へ行って、チンギス・ハーンになったという説は、けっこう親しまれている。これを題材にしたミステリも何冊もあり、なかでも、高木彬光の『成吉思汗の秘密』は有名だ。

この説が広く知られるようになったきっかけが、『成吉思汗ハ源義經也』という本である。著者は小谷部全一郎《おやべぜんいちろう》で、大正十三年（一九二四）に出版された。

「成吉思汗の手記が発見され、そこには自分は日本の源義経であると書かれていた」という触れ込みの本だったら、「偽書」になるが、この本はそうではない。著者は小谷部とはっきりしており、彼の持論が展開されている。書かれている内容は奇想天外なので「珍説」を書いた「奇書」ではあるが、偽書ではない。

小谷部の本は偽書ではないが、彼の義経＝チンギス・ハーン説が生まれるには、偽書が重要な役割を果たしている。

以下は、「偽書」が原因でどのようにして珍説・奇説が生まれるかの物語だ。

まずは、歴史のおさらいをしておこう。

源義経が生まれたのは、一一五九年、そして一一八九年に三十一歳の若さで亡くなった。源平合戦で源氏が勝利した最大の功労者でありながら、幕府ができると兄の頼朝に排斥されて政権から追われ、唯一の味方だった奥州平泉の藤原氏に助けを求めて匿《かくま》われていた。しかし、藤原秀衡の死後、息子の藤原泰衡は義経を裏切ったため、義経は衣川で自刃して果てた。

一方、モンゴルのチンギス・ハーンの生年ははっきりせず、一一五五年、六二年、六七年と諸説あるが、義経と同世代であることは間違いがない。チンギス・ハーンが頭角をあらわすのは一一九〇年前後になってからで、一気に勢力を拡大してモンゴル帝国を築くのは、一二〇六年である。

というわけで、義経が死んだ後にチンギス・ハーンが歴史の表舞台に出るので、一人二役が成り立つ余地があり、この説はもてはやされるのだ。

もっとも、この一人二役説は、日本でのみ知られており、モンゴルではそんな伝説すら一般には知られていない。

「判官びいき」という言葉がある。義経の官名が「判官」だったことから、戦いに負けた人を応援する心情のことをいう。日本人の心情のひとつである。

その判官びいきの感情が、「義経不死伝説」を生んだのだ。鎌倉時代から、義経は衣川では死なず北へ向かって生き延びたという「義経北行伝説」が成立している。その根拠としては、自刃した義経の首が鎌倉に届けられたのだが、首実検しようにも腐敗していて人相が分からなかったという事実もある。

最初の偽書『金史別本』

最初に義経が大陸に渡ったとの説が流布したのは、江戸時代初期のことだ。

沢田源内による『金史別本』の日本語訳に、「十二世紀に栄えた金の将軍に源義経というものがいた」などと書かれていたのだ。

ここで中国史をおさらいすると、「金」という王朝は女真族の王朝で、一一一五年から一二三四年にかけて存在した。遼と北宋を滅ぼして、中国の北半分を支配していた。しかし、南半分については南宋が支配していたので、中国全土を支配したのではない。金は南宋と対峙しているうちに、モンゴル（元）に滅ぼされてしまう。『金史別本』は、その金王朝の歴史書である『金史』の別冊のようなものとされる。

さて、『金史別本』翻訳者の沢田源内は一六一九年生まれの江戸時代前期の著述家。近江の富農の家に生まれたが、なかなか頭もよく容姿端麗で、京の寺に預けられて、修行した。しかし、寺の宝物を持ち出すなどの悪事がばれて、追い出される。一時は山伏だったが還俗《げんぞく》して、公家などに仕えていた。しかし、いつの頃からか、偽の系図作りを職業とするようになる。

江戸時代は何事も家系が重視されたので、仕官する際には系図が必要だった。そのために偽系図のビジネスが流行った。しっかりとした戸籍制度はないので、自分で何代も前の実在の有名人を先祖に選び、その末裔ということにして、その間の何代にもわたる系図をでっちあげてもらっていたのだ。沢田は自分の系図も、六角佐々木家の子孫だと捏造していた。

偽系図作りだけでなく、源内は偽書も多く書いた。『江源武鑑』『大系図』『倭論語』『足利治乱記』『異本関ケ原軍記』『金史別本』などが、源内による偽書として知られている。そう、『金史別本』も源内作の偽書だった。『金史』は中国の正式な史書だが、「別本」など存在しないのだ。

義経が金の将軍になったと書いてある本があるとの噂を知った新井白石は、その噂を伝えた友人に『金史別本』を確認したいと求め、やがて『金史別本』は沢田源内の偽書と判明した。彼の手になる歴史書のすべては、いまでいう「架空戦記」のようなものだったのだ。

第二の偽書

義経が大陸に渡ったと書かれた第二の偽書は、江戸時代中期の国学者、森長見の『国学忘貝《わすれがい》』だった。沢田の説が影響を与えたとも思われるが、義経についての新たな説が展開されていた。ここには、「全国を再建した清の六代目乾隆帝が『朕の姓は源、義経の子孫であり、清和源氏出身なので国号を清にした』と『図書輯勘録《しゅうかんろく》』に記している」とあったのだ。

元の次の王朝が明で、その次が清で、乾隆帝《けんりゅうてい》は第六代の皇帝で、一七一一年から一七九九年の人物。この皇帝の先祖が義経だというわけだ。

森は一七四二年に生まれた讃岐の多度津《たどつ》藩士で、『国学忘貝』は一七八三年に、国史、故実、時局などについて書いた随筆風の書物だった。この義経についての記述に驚いた者が、江戸城の紅葉山文庫に保管されている『図書輯勘録』を閲覧したところ、そんな記述は一行もなかったので、まっかな嘘だと判明した。

この頃までには「義経が大陸に行った」という「噂」はあっても、さすがに、チンギス・ハーンになったという大嘘にまでは発展していない。

だが幕府のなかにこの説を知って関心を持った者がいて、間宮林蔵《まみやりんぞう》が蝦夷地を探検に行く際、義経が大陸に渡った痕跡がないか調べるよう言われたともいう。

シーボルトの義経=チンギス・ハーン説

明治になって新たな「事実」が発覚する。江戸後期に日本に来たドイツ人のシーボルトの著書に、義経=チンギス・ハーン説が書かれていたのだ。

シーボルトは一七九六年生まれのドイツ人医師。オランダ語も得意で、長崎の出島のオランダ商館医として、一八二三年に来日した。出島内において開業した後、出島外にも鳴滝塾を開設して、日本人医師に蘭学と西洋医学を教えた人物である。蝦夷や樺太などの北方探査をした最上徳内《もがみとくない》らとも交友があった。一八二八年に帰国する際に、日本の地図を持っていたことで、国外追放処分となった。これがシーボルト事件である。オランダに戻ると日本での見聞を全七巻の『日本』として出版した。

明治に入ると、多くの日本の政治家や官僚が視察のためにヨーロッパを訪問したが、そのひとり、末松謙澄《すえまつけんちょう》はこの『日本』を留学先のロンドンで読んだ。すると、そこには「義経が衣川で死なずに渡海し蝦夷の発見者の一人になった、さらに対岸のアジアへ渡りチンギス・ハーンとなった」などと書かれていたのだ。

『日本』は別に偽書ではない。シーボルトはこれを自説としてではなく、日本人から聞いた話として書いただけだ。シーボルトは間宮林蔵からこの話を聞いたと思われる。間宮は幕府の命令で樺太を探検する際に、義経が渡った証拠はないか調べるようにとも命じられていたので、そんな話をしたところ、尾ひれがついて、義経がチンギス・ハーンだということになったのではないか。

これを読んだ末松は、当時の欧米では日本が中国の属国と見られていたので、この際、それを逆転させてやろうとの意図で、ケンブリッジ大学の卒業論文で「大征服者成吉思汗は日本の英雄源義経と同一人物なり」という論文を書いて、それが日本語に翻訳されて、『義経再興記』として出版された。

この『義経再興記』を読んで、すっかりその気になったのが、小谷部全一郎だった。

「成吉思汗ハ源義經也」の登場

小谷部全一郎《おやべぜんいちろう》は幕末の慶応三年、一八六八年に秋田藩で菓子商の子として生まれ、明治十三年（一八八〇）に上京して漢学・英学・数学を学んだ。この頃末松の『義経再興記』を読んだ。明治十八年、小谷部は北海道に渡り、アイヌを支援している宣教師と出会い、牧師を目指した。その後、アメリカへ留学して、明治三十一年に帰国。北海道で教育者、牧師になった。

その間も義経＝チンギス・ハーン説が忘れられず、大正八年に満州・シベリアに日本陸軍通訳官として赴任すると、チンギス・ハーン＝義経の痕跡を調べ、大正十二年に『満蒙踏査・義経復興記』を書き下ろした。これがベストセラーとなり、後に『成吉思汗ハ源義經也』と改題される。だが、翌年『中央史壇』という専門誌で「成吉思汗は源義経にあらず」と臨時増刊号が組まれ、猛反論を受けた。つまり、学会ではまったく問題にならない説だと全面否定されたのである。

小谷部は最初から義経がチンギス・ハーンになったと思い込んでいるので、何でもかんでも、それを証明するものだと強引な論を展開した。その例をいくつか挙げてみよう。

まず、基本的なこととして、チンギス・ハーンの前半生に空白の部分が多いことを挙げている。さらに外見的特徴として、義経もチンギス・ハーンも身長が低く、また酒を飲まなかった。

チンギス・ハーンが一二〇六年に「ハーン」に即位した際、「九旒の白旗」を建立し

『成吉思汗の秘密』高木彬光著、光文社文庫、二〇〇五年（単行本の初版は一九五八年）

名探偵・神津恭介が入院し、退屈なので何か謎解きをしようというので、日本史上最大の「一人二役」の謎に挑んだ歴史ミステリ。「ベッド・ディティクティブ」という、探偵が一歩も外へ出ずに資料だけを頼りに事件の謎を解くミステリの様式のひとつを、犯罪事件ではなく、歴史の謎に応用した。義経＝成吉思汗説を知るには読みやすい入門書でもある。神津恭介（つまりは高木彬光）は義経が成吉思汗になったという結論を出している。この後も神津恭介は『邪馬台国の秘密』『古代天皇の秘密』などで歴史の謎に挑んだ。

たが、「白旗」は源氏の旗印、「九旒《くりゅう》」は九郎判官を意味する。

チンギス・ハーンは別名を「クロー」と称した。これは「九郎判官」のことだ。

ナホトカとウラジオストクの間に「ハンガン」という地名があるのは、義経が上陸した土地だからだ。また、チンギス・ハーンが滞在した熱河省（現河北省北東部）の「ヘイセン」は「平泉」に由来する。

チンギス・ハーンはニルン族の貴族キャト氏族だが、「キャト」は「キョウト」、すなわち「京都」出身の意味だ。

極めつけは、国名「元」は「源」に通じる。

きりがないのでこのへんにしておくが、こんな感じで義経＝チンギス・ハーン説が展開されていくのだが、やはり、かなり無理がある。

この説はミステリ作家にも好まれ、なかでも高木彬光の『成吉思汗の秘密』はこの説を徹底的に検証してあり、入門書としても適している。

Fake 15

ショパンのラブレター

ピアノの詩人の捏造された大恋愛

伯爵夫人との謎の関係

ポーランドで生まれフランスで活躍した大作曲家フレデリック・ショパン（一八一〇～四九）は「ピアノの詩人」と称されるようにピアノ曲ばかりを作曲した。三十九歳という当時としても若くしての死だった。生涯、正式な結婚はしなかったが、男装の女流作家ジョルジュ・サンドと同棲していたことはよく知られている。

第二次世界大戦後、このショパンと、ポーランド貴族のデルフィーナ・ポトツカ伯爵夫人（一八〇七～七七）との間で交わされた大量の書簡が公開され、一大スキャンダルとなった。かなり露骨な愛情表現に満ちたラブレターだったのである。

ショパンがサンドと同棲していたのは一八三八年から四七年だった。同棲といっても、いつも一緒に暮らしていたわけでもなかった。サンドは「自由で自立した女性」の先駆けで、結婚したが離婚し、ショパンと付き合う前にも何人もの愛人がいた。性的にも奔放だったとされる。一方のショパンはいまでいう草食系男子のイメージだ。ポーランドにいた頃から片思いの人はいたし、パリで暮らすようになってからも、ポーランド時代に知り合った貴族の令嬢と遠距離恋愛をし、婚約までしていたが、男女の関係にあった様子はない。つまり、性的には奥手とされ、それを年上のサンドが誘惑したというのが、一般的なイメージだ。

ショパンとサンドがどういう生活をしていたのかは、まさに本人たちしか知らないことである。

そのサンドと別れた後、体調を崩して危篤状態となったショパンを見舞った女性がデルフィーナ・ポトツカ伯爵夫人だった。二人が知り合ったのは、ショパンが故郷ワルシャワを出て、ウィーンへ向かった一八三〇年のことで、途中に立ち寄ったドレスデンで出会った。デルフィーナは結婚していたが夫とは別居中の二十三歳、ショパンは二十歳だった。

出会った翌年、ショパンはウィーンで音楽家として活躍するのは無理と諦めて、パリへ向かった。その地でデルフィーナと再会し、彼女のサロンに出入りして関係は深まったかのように見えるのだが、どの程度だったのかは分からない。デルフィーナはやがてパリを出てしまい、ショパンとの交流が途絶えたが、亡くなる直前になって見舞ったのだ。

その間、二人が会っていた様子はないのだが、記録にないだけの話で、実は密やかな関係が続いていたのかもしれない。ショパンが亡くなる直前に唐突に現れるのは、たしかに不自然なのだ。

臨終を見舞ったデルフィーナは取り乱したと目撃されている。そのことからも隠れた恋人だったという説が生まれていた。

公表された手紙の発見者は自殺

ショパンが亡くなって九十年近くが過ぎた一九三九年、パウリーナ・チェルニツカというポーランドの女性研究者が、ショパンからデルフィーナへ宛てたラブレターが大量に存在すると発表した。ショパン研究家たちはこの発表に驚き、公表を求めたが、チェルニツカはなかなか応じようとしなかった。

ところが戦争が終わった一九四五年、チェルニツカはラジオでショパンの手紙を読み上げて、公開した。そこにはショパンからデルフィーナへのかなり過激な性愛表現が書かれており、さらには同世代で友人だったリストやメンデルスゾーン、シューマンの批判めいたことも書かれ、従来のショパンのイメージを一新させるほどの衝撃的な内容だった。

しかし当初から、この手紙については贋作、偽書だという批判が出た。まずその内容がこれまでのショパンのイメージとかけ離れていた。もちろん、人間には公の場と私的な場とでは見せる面が異なるので、違うだけでは偽書、贋作にはならない。秘められた部分が明らかになったという点で、もし本物なら画期的な発見だったのである。

問題になったのは、これまで公になっているショパンの書簡にはないような、性的に露骨な表現だ。少し長くなるが、こんな文面がある。


感興と創作、随分考えた末に、ようやく一番重要なことを発見するに至りました。感興と楽想が浮ぶのは、長く女性に接しない時だけではありませんか。

女性に情熱を使い果すと、感興は去り、楽想は頭に湧きません。おかしいではありませんか。それに不思議です。女性を満足させること、つまり〔人間の〕創造と同じ精力が芸術作品の創造にも働くのです。男が快楽の瞬間に浪費する性液は私にとっては貴重なものなわけです！

学問でも、学問上の活動や発見に打ち込んでいる学者は女性を遠ざけていますから、同じ精力が働き、方向づけているのでしょう。処方箋は簡単なようです。つまり、創作者はその人生から断固女性を放逐すること、そうすれば体の内に集った精力が陰茎や玉子の方へ行かず、女性の変ニ長調の穴に注ぎ込まれることもなく、玉子から脳に戻って感興になり、最高の芸術作品を創り出すことになるでしょう。女性に魅かれる誘惑感――これは感興に転化できるわけです！　ただし、芸術の才能と才覚のある者のことですよ。

作曲されるはずだったものは全て――最愛の君の小さき変ニ長調の穴の中、だからあなたは今、音楽に溢れ、私の作品で〝妊娠〟しているわけです。

私の陰茎と玉子、あなたがお好きなことは分っています。でもその御選択の後は尊敬して下さらなくては。これは私たちに快楽を与えてくれるだけでなく、私の創作の源泉なのですから。

最大の快楽、人間の創造、学問、芸術——どれも一つのもの。だから普遍の力に満つる陰茎こそ永遠なれ！

ショパン研究家たち、つまり音楽学者は基本的にインテリでセレブなので、こういう露骨な表現を嫌う。「こんなのはニセモノだ」と感情的になる人がいても当然だ。しかし一方では、ショパンの隠されていた面だと主張する学者もいた。

贋作であるとしたら、ショパンとその時代についてかなり詳しい者でなければ書けないことは確かだった。はたしてチェルニツカにそのような知識があるのかどうか。

パウリーナ・チェルニツカは、デルフィーナの実家であるコマルーブナ家の一族だという。一八九七年に生まれ、一九一九年に結婚したが、その後に二〇年から二六年までパリ音楽院に留学し、音楽学と和声学を学んだ。帰国後は家事に従事していたが、三〇年に再びパリへ留学し、多くの音楽家（演奏家も作曲家も）を育てたことで知られる名教師ナディア・ブーランジェに師事した。三五年に帰国し、三九年まで家事に従事し、戦争中はヴィルノ音楽院で教えていた。そして戦争が終わると、ショパンの手紙の発見者として登場したのだ。

チェルニツカはショパン直筆の手紙の束を公開したのではなく、自分で書き写したものを公開しただけだった。そこでますます偽書の疑いが強くなる。手紙がどこにあるのかの説明も、問われるたびに食い違う。

内容はともかく、オリジナルの手紙が現存しているのか、チェルニツカがどのように入手したのかが、こういう場合、偽書か否かの鑑定に必要なのに、のらりくらりとかわすので、偽書説は高まっていく。

すると、一九四九年九月二日、チェルニツカは自殺してしまった。ショパンが亡くなってちょうど一〇〇年という時期だ（ショパンは一八四九年十月十七日に没）。

自殺の原因は、贋作とばれそうになったからではない。チェルニツカは疲労困憊して

『贋作ショパンの手紙　デルフィナ・ポトツカへ宛てたショパンの〃手紙〃に関する抗争』イェージ・マリア・スモテル著、足達和子訳、音楽之友社、一九八五年

この贋作事件を描いたドキュメンタリー。「手紙」も収録されており資料集にもなっている。著者は手紙は贋作だという立場で、この本を書いている。

いたらしい。生活に困窮し栄養失調となり失明の危機にあり、さらに息子が神経を病んでおり争いが絶えず、思い詰めて自殺してしまったのだ。

没後、彼女が公にしていた経歴が虚偽だったことがわかった。パリ音楽院に入学した事実はなく、ブーランジェに師事したこともない。そもそもフランスどころか外国へは一度も行っていないし、戦争中、ヴィルノ音楽院で教えていたというのも虚偽だった。デルフィーナの遠縁というのも、虚偽だった。ショパンの手紙を捏造しただけでなく、自分の経歴もすべてでっちあげていたのだ。

そうなると、音楽の専門教育を受けてもいないのに、いかにもショパンが書いたような手紙が書けたことになり、それはそれで文学的な才能はあったことになる。

後に知人の証言で判明したところ、チェルニツカはショパンを尊敬しており、さらに空想癖のあるひとだった。精神医学でいう、空想虚言癖にあたり、実際、一九一三年から一四年にかけて精神病院に入院していたこともわかった。

ショパンを崇拝していたはずなのに、チェルニツカが贋作した手紙は、ショパンのイメージを悪くさせる内容である。どうして、そんな手紙を捏造したのだろう。

すべては、精神を病んでいたからだと解説するのは簡単だが、謎は謎として残るのだ。許されることではないにしろ、どことなく哀れさを感じさせる贋作事件である。

Fake 16

ハワード・ヒューズ自伝

大富豪の生涯の謎

大富豪ハワード・ヒューズの謎の自伝

レオナルド・ディカプリオ主演の映画『アビエイター』(二〇〇四)は、二十世紀アメリカを代表する大富豪ハワード・ヒューズの生涯を描いたもので、フィクションも混ざっているが、伝記的な事実に基づいていた。

ヒューズは一九〇五年、富豪の家に生まれた。父は鉱物掘削のためのドリルを発明して、それで巨万の富を築いたのだ。ヒューズは十六歳で母を、十八歳で父を亡くし、莫大な遺産を相続すると、映画製作と航空機製造会社の経営に乗り出す。

時代はちょうど映画産業の勃興期だった。ヒューズが製作した一九三〇年の『地獄の天使』は大ヒットし、たちまち映画プロデューサーとしての名声を得る。キャサリン・ヘップバーンなどの大女優との交際でも知られた。

一九三五年、ヒューズは航空機メーカーのヒューズ・エアクラフト社を設立し、さらに航空会社「トランス・コンチネンタル・アンド・ウェスタン航空」(T&WA)を買収し、後にトランス・ワールド航空(TWA)へと発展させた。空軍や政治家との関係も深く、大統領となるリチャード・ニクソンとは親密で、かなりの資金援助をしたらしい。

映画でも描かれているように、ヒューズはかなりの潔癖症で、中年期からめったに人と会わなくなり、謎の大富豪となっていく。最後に顔写真が撮影されたのは一九五二年だった。以後は、大富豪で多くの企業の経営者でありながら、「ひきこもり」となる。側近も、電話で指示を受けるだけで顔を合わせることもない生活が続いていた。

そのヒューズの「自伝」の出版が発表されたのは、一九七一年十二月七日のことだった。アメリカの大手出版社マグローヒル社が、翌年三月二十七日に、二十三万語に及ぶ大部の自伝を出版する、その前に、『ライフ』誌が抜粋を二月十一日号から掲載するという内容だった。

「自伝」ではあるが、ヒューズが口述したものを作家のクリフォード・アーヴィングが書き取ってまとめたものだという。

アーヴィングの父とヒューズが旧知の仲で、かねて自分についての誤った情報があまりにも多く流布しているのに悩んでいたヒューズは、この友人の息子を通じて、真実の記録を残すことを決意したのだ。

この発表に驚いたのは、時の大統領ニクソンだった。ヒューズからの献金についてどれくらい詳細に書かれているかを気にしたのだ。ニクソンの側近はマグローヒル社から刊行前の原稿を入手した。

一方、ヒューズの会社は自伝は偽物であるとの声明を出した。しかし当人が出てこないので、マグローヒル社は計画を進めた。

だが一月になると、ヒューズは通信社やテレビ、新聞、雑誌などの彼と会ったことのある記者七人との電話インタビューに応じ、本は偽物であること、自分はアーヴィングには一度も会っていないこと、自分が「自伝」を語ったテープなども存在しないと、全面否定した。

これによりアーヴィングの旗色は悪くなっていく。

抜粋を掲載する予定の『ライフ』は独自取材をして、アーヴィングがヒューズに取材していたとされる日に彼が愛人といたことを突き止め、追及した。

かくて、アーヴィングは詐欺罪で逮捕、「自伝」は幻の出版物となった。

転んでもただでは起きない

最大の被害者はマグローヒル社であろう。完全にアーヴィングに騙されていたのだ。アーヴィングはヒューズが人前に出てこないことを知って、この「偽書」制作を思いついた。

アーヴィングには絵画の贋作事件を題材にした『贋作』（邦訳、早川書房）という著書もあり、この本を書いたときに得た知識を活かして、この世紀の偽書事件を起こしたのだ。

マグローヒル社への売り込みは一九七一年二月で、ヒューズから自分への手紙を偽造して、ヒューズから依頼されたと信じこませたのである。マグローヒル社は印税の前金十万ドルを支払った。そこで持ち逃げしたのでは単なる詐欺だが、アーヴィングは仲間の作家と共に、ヒューズの関係者を求めて全米を旅して取材した。これまでのヒューズについて書かれた記事も集め、マグローヒル社の編集者が疑いも抱かないほど、完璧な「自伝」を書き上げたのだ。「自伝」とさえ謳わなければ、それはそれで、「伝記」として通用しそうだ。

事件が発覚した後、アーヴィングは『ザ・ホークス――世界を騙した世紀の詐欺事件』（ハヤカワ文庫）という、この事件のドキュメントを自ら書いた。タイトルのhoaxは「捏造」「でっち上げ」という意味だ。これはリチャード・ギア主演で映画にもなり、ちゃっかりもとはとっている。

ヒューズが亡くなるのは、「自伝」の偽書事件から四年後の一九七六年、七十歳だった。

『ザ・ホークス　世界を騙した世紀の詐欺事件』クリフォード・アーヴィング著、三角和代訳、早川書房、二〇〇七年

文中で紹介した、偽書製作者自身によるドキュメンタリー。小説よりも面白い。アーヴィングが作ったヒューズの自伝は、マグローヒル社からは刊行されなかったが、現在では電子書籍として読むことができる。タイトルは「AUTOBIOGRAPHY OF HOWARD HUGHES: Confessions of an Unhappy Billionaire」

Fake 17

死海文書

世紀の大発見か
史上最大の偽書か

二十世紀最大の発見

第二次世界大戦が終わって一年が過ぎた一九四六年から四七年にかけての冬、死海の北西にあるヒルベルト・クムラン遺跡の近くで、三人の羊飼いの少年によって、偶然、大量の文書が発見された。調べてみると、『旧約聖書』の写本のひとつと判明した。

これが世に言う『死海文書』である。学問的には「死海写本」というらしいが、この本では「死海文書」とする。

「死海文書」という名称が、すでにおどろおどろしい。だが、「死海」は単に地名にすぎない。「その海に入ったものは死ぬ」という伝説があるわけでもない。死海はイスラエルとヨルダンの砂漠に挟まれた湖で、塩分濃度が高く、魚などの生物が棲めないことから「死の海」と呼ばれるようになっただけだ。「塩の海」とも呼ばれている。しかし「塩の海文書」という名称だったら、少なくとも日本では、人びとの興味は惹きつけなかったであろう。

死海のある地域は、いわゆる「中東紛争」の中心地でもある。この国際紛争が「死海文書」の謎解きにも大きな影響を与えた。

「死海文書」が「二十世紀最大の考古学的発見」と騒がれたのは、その文書が書かれた時代が二千年前と推定されたからで、それはまさに、イエス・キリストが生きていて活動していた時期にあたる。そのため、「死海文書」にはイエス・キリストについての、さらにはキリスト教団誕生にまつわる新事実が書かれているかもしれないとの期待が高まったのだ。

『聖書』の成り立ち

「死海文書」の凄さを知るにはまず『聖書』を知らなければならない。

キリスト教の『聖書』には『旧約聖書』と『新約聖書』とがある。大きな書店に行けば日本語訳が何種類も手に入るが、『旧約』『新訳』ともかなり厚い。しかし、最初から、こんな厚い本として存在していたわけではない。そもそも『聖書』は印刷技術が誕生するはるか昔から存在していたものである。

『旧約聖書』はユダヤ教の教典をまとめたもので、オリジナルの文書は現存していない。古代ユダヤ社会に伝わっていた神話や歴史的事実、宗教上のきまりである律法などさまざまな事柄は、文書化され、書き写されて広まっていたが、それらが「聖書」としてまとめられたのは、紀元前五一五年とされている。いまから二五〇〇年近く前で、オリジナルはヘブライ語だった。

ユダヤ民族の歴史は紀元前一八〇〇年から一七〇〇年頃に始まるとされているから、それから一二〇〇年以上たって、体系的にまとめられたことになる。

ユダヤ教では、「聖書」が古くなってくると、完全な写本を作り、前のものも保管されたが、その保管するスペースがなくなると、古いものから儀式を行なって焼かれることになっていた。写本にあたっては、正確に書き写されているか、いまでいう「校正」が厳密になされており、一字一句間違いなく書き写したと確認されていた。

こうして二五〇〇年前に書かれたものが、書かれた紙（いまの紙とは異なる）の現物は喪われても、書かれた内容としてはそのまま伝わってきたとされている。

古いものは焼かれることになっていたが、なかには焼かれなかったものもあり、「聖書」全体の最古の写本とされるものが西暦九三〇年ごろと推定される「アレッポ写本」だが、これも四分の一ほどは欠落している。断片的なものならば、西暦一世紀のものも遺っていた。

「死海文書」は、しかし、これまで最古とされていたものよりもさらに一千年も前のものと判明したので、大騒ぎになったのだ。

羊飼いの少年たち

「死海文書」が発見されたクムラン遺跡は現在イスラエル国に属しており、死海北西端の沿岸から約一キロのところにある。紀元前七世紀から六世紀にあったユダヤ王朝時代の要塞で、『旧約聖書』の「ヨシュア記」に出てくる「塩の町」のことだと推定されている。

文書は遺跡そのものではなく、その周辺の洞窟で発見された。発見した三人の羊飼いの少年は、羊と山羊の群れを追いかけて暮らしていたが、宝物を発見するという夢を持っていたので、機会があれば周辺の洞窟を覗いて宝探しをしていたのだ。その日も、何気なく洞窟を見てまわっていて、ある洞窟の外から内部へ石を投げてみると、何かが壊れたような音がした。だがもう日が暮れそうだったので、その日は探索を諦め、二日後にムハンマドという少年がひとりで早朝から洞窟に入って探してみると、古びた円筒状の瓶が十個あった。八つは何も入っていなく、ひとつはドロが詰まっているだけだったが、最後のひとつには、三つの写本巻物があり、その二つは亜麻布で包まれていた。さらに探してみると、四つの写本巻物があった。つまり合計七つ見つかったのだ。

この発見日については一九四六年から四七年の冬という説と、三八年には見つかっていたのではないかとの説もある。ともあれ少年たちは七つの写本を手にした。だが、それが何なのか分からない。彼らが探していた宝物は、宝石とか金や銀なので、古い写本を見つけたものの、その中身には興味がない。彼らの関心事は、カネになるかならないか、なるとしたらいくらかだった。

少年たちは換金しようと、カンドーという古物商に相談した。しかしその時点で七つのうちの三つは、別の古物商サラヒの手に渡っており、カンドーが羊飼いの少年たちから買い取ったのは四つだけだった。その代金は約十四ドルだったという。世紀の大発見のわりには、ささやかな報酬なのは、カンドーもその価値がよく分からなかったからだ。

偽書の多くは発見者が作成しているが、「死海文書」の場合、発見者の羊飼いの少年たちは、純粋な発見者にすぎず、以後も登場しない。彼らは自分たちがどんなにすごいものを発見したか知らなかった。

転売されてゆく文書

カンドーは一九四七年四月にエルサレムのシリア正教会聖マルコ修道院のサムエル大主教に写本を見せた。彼も買い取ったはいいが、何なのか分からなかったのだ。サムエル大主教はすぐに古代ヘブライ語で書かれたものと分かり、カンドーから約一〇〇ドルで買い取った。カンドーとしては約八十六ドルの利益である。こうして四つがシリア正教会の修道院のものとなった。

一方、残りの三つを持っている古物商のサラヒは友人を通してエルサレムのヘブル大学の考古学教授スーケニークというユダヤ人に連絡を取った。スーケニークがこの三つを手に入れたのが一九四七年十一月から十二月にかけてで、こうして、七つの写本は四つがシリア、三つがユダヤ側のものとなった。

その後も複雑な中東情勢がからんで、七つの写本はひとまとまりになるまでに紆余曲折があるのだが、一九五四年、サムエル大主教が持っていた四つの写本の買い手がアメリカで見つかり、二十五万ドルで売れた。一〇〇ドルが二十五万ドルになったのだから、大主教は大儲けしたことになるが、彼は素直には喜べなかった。イスラエルの手に渡ったからだ。

サムエル大主教は敵であるイスラエルにだけは売る気がなかったのだが、それを知っているイスラエル政府がダミーを立てて買い取り、結局はイスラエルの手に渡ったのだ。イスラエル側で買い取りの主導的役割をはたしたのが、スーケニーク教授の息子だった。教授は七つの巻物を揃えるためにサムエル大主教と交渉したが決裂したのちに亡くなっていたが、息子に後を託したのだ。

そういうわけで、「死海文書」はイスラエルに七つが揃い、いまではイスラエル国立博物館が持っている。

七つの巻物はユダヤ人のものとなったが、その一方、クムラン遺跡のある地域は当時はヨルダン王国に属していた。つまりアラブ側である。ヨルダンは最初の七つの巻物が発見された周辺の洞窟も徹底的に調査し、八七〇点以上の古い写本と数万点の写本の断片が発見され、国際チームが作られて、解読、分析されることになった。

疑惑の調査チーム

鑑定の結果、「死海文書」が紀元前二五〇年から西暦一五〇年前後の間に作られたものだと分かると、ユダヤ教やキリスト教の研究者たちは興奮した。キリスト教がどのように誕生したかの手がかりがつかめるかもしれないからだ。調査チームが作られ、解読、分析がなされた。

ところが、その研究成果がなかなか発表されない。そこで研究チームへの疑惑がもたれるようになった。というのもユダヤ教の文書なのに研究チーム九人は、カトリックが五人、プロテスタントが二人、英国国教会から一人、無神論者一人という構成で、ユダヤ教徒がひとりもいない。ヨルダン政府は公正に選んだと言い張るが、不自然だった。そこで「死海文書」そのものが公表されないのはキリスト教の根幹を揺るがすことが書かれていて、それを察知したバチカン（カトリック）が圧力をかけてもみ消そうとしているのではないかとの噂が立った。

この疑惑を払拭するには、全文を公開すべきだとの声が高まり、一九九一年、実に最初の発見から四十年が過ぎてから、「復元された死海文書」が公表された。

そこには、キリスト教にとって都合の悪いことは書かれていなかった。

だが発掘されたオリジナルが公表されたのではないことから、隠蔽説が根強く残る。つまり復元されたものは広義の「偽書」ではないかという疑惑である。でっちあげたものはないにしても、まだ公表されていない文書があるはずだという疑惑もある。

そうなると陰謀好きな人びとは、勝手に「本当は書かれていたこと」を想像し、さらに創作までしていき「本当の死海文書」なる偽書が出回ることになった。

政治的に微妙な地域で微妙な時期に発見されたこと、ユダヤ教、キリスト教、イスラム教という対立している宗派の利害など、あまりにも問題は複雑で多い。そのため、この二十世紀最大の発見とされる「死海文書」は存在そのものがミステリなのだ。

第三部

偽書の宝庫「古史古伝」

普通の日本史の教科書では縄文時代・弥生時代から始まり、邪馬台国の話があって、ヤマト朝廷の成立へ……と話は流れていく。

だがヤマト朝廷よりももっと前に、日本には現在よりもすごい科学文明が発達しており、世界を支配していたのだという。

そういう超古代の日本史が記録されている文書はたくさんあり、「古史古伝」というひとつのジャンルを築いている。もちろんフェイク・ヒストリーだが、フィクションとしての歴史小説とはスケールが違う。

同じ話をもとにしながらも、さまざまな文書が日本各地でいくつも発見されている。正しい歴史書とされるのは『日本書紀』と『古事記』しかないので、もしかしたら超古代を描く偽書のほうが事実を語っているのでは、と思えてしまうほどだ。

特徴は「日本の歴史が最高」という自尊心である。だから、他の地域の古代文明よりも前から日本には文明が栄えていたことになる。現在の皇室との距離も微妙で、そこがその時代の権力者によって弾圧される理由にもなる。そのため「古史古伝」は反権力的なイメージもあって、天皇制反対の立場の左翼のほうに、それを信じてしまう人もいる。

Fake 18

竹内文献

壮大なスケールの神話か歴史か、それともフィクションか

『竹内文献』とは何か

偽書のなかでも最もスケールが大きいのが、『竹内文献』。なにしろ、日本人に限らず、全人類は天皇の子孫だというのだから、すさまじい。さらに宮中を巻きこむ現実の大事件にも発展した人騒がせ度でも、ずば抜けている。

『竹内文献』は竹内巨麿《きよまろ》が公開したことからこう呼ばれる。超古代、歴代の天皇は天の浮船に乗って全世界をまわりながら世界を統治していたなど、日本なくして人類史はありえなかったという壮大なスケールの歴史である。

竹内巨麿はヤマト王権初期に大臣として天皇を補佐していた武内宿禰《たけのうちすくね》の子孫と称している。武内宿禰は、『古事記』や『日本書紀』の記述を信じれば、三百歳近くまで生きたことになる。そもそも、この人も伝説上の人物で、実在したのかどうか疑わしい。実在したとしても、武内氏の何代かにわたる業績が、ひとりの人物の話になっているのだろう。

その武内宿禰の孫の平群真鳥《へぐりのまとり》が、雄略《ゆうりゃく》天皇の勅命で、天皇家に伝わっていた神代《かみよ》文字で書かれた文献を漢字仮名交じり文に訳したものが、竹内家によって護られてきたという。

「神代文字」とは古代日本で使われていたとされる文字のことだ。日本語は漢字とそれをもとにしたひらがなとカタカナによって表記されている。つまり、ひらがなもカタカナも漢字なくしてはありえない文字だ。その漢字が中国から伝わったのは五紀から六世紀にかけてとされる。

ではその前の時代、日本には文字はなかったのだろうか。そんなはずはない。漢字の普及によって使われなくなってしまったが、古代から日本には独自の文字があったはずだと考える人は多く、その喪われた文字のことは「神代文字」と呼ばれ、何種類か知られている。古史古伝物の多くが、原典はこの神代文字で書かれたとされ、それが漢字仮名交じりの文書に翻訳されたかたちで、発見される。

「神代文字」の存在が論じられるようになるのは鎌倉時代。その後も、学者の間で議論が交わされていたようだが、証拠となる神代文字で書かれた文書は見つからなかった。ところが、江戸時代になって神代文字で書かれた文書が発見される。それについての真贋論争がまた展開されたが、大昔に日本独自の文字があったという考えを信じる人は、物的証拠があろうがなかろうが信じてしまうので決着がつかない。

『竹内文献』はその神代文字で書かれた原本ではなく、それを漢字仮名交じりに翻訳されたものだという。

知られざる人類の歴史

『竹内文献』が明かす、知られざる人類の歴史によると、神武天皇に始まり現在にいたる天皇家は「神倭朝《かむやまとちょう》」と呼ばれ、そのはるか前から天皇家は続いていたらしい。

最初に「天神七代」の時代があり、その次が、「上古二十五代」(または「皇統二十五代」)で、この上古初代天皇が在位していたのは、紀元前三一七五億年だという。ビッグバンは一三八億年前とされているのでそれよりも前から、天皇家は存在したのだ。

上古二代目の天皇の時代に十六人の弟妹たちが全世界に散らばった。その名は「ヨハネスブルグ」「ボストン」「ニューヨーク」などで、これが地名として残ったのだ。「上古二十五代」の天皇の次に、「不合朝《あえずちょう》七十二代」があり、神武天皇はその七十三代目だという。この「不合朝」は、別名「ウガヤ朝」ともいう。

これだけでも驚くべきことだが、驚愕の事実はさらに続く。「モーゼの十戒は日本の天皇が授けたものだ」とか、「釈迦も孔子もマホメットも、みんな日本で修行した」とか、とにかく、世界史を塗りかえてしまうのだ。

超古代の天皇は飛行船のようなもの（天空浮船という）に乗って、世界中をまわっていたともいう。ピラミッドは、天皇の神殿だった。ある時期、日本にもピラミッドがあったという説が大流行し、「これがピラミッドだ」とされる山が日本各地に登場したが、そのベースとなるのも、『竹内文献』の記述である。

天皇が天空浮船を持っていた証拠となるのが、日本各地の地名。「羽」とか「羽根」とつく地名はいずれも古代の空港だったところなのだ。

天空浮船は宇宙空間にも飛び出し、古代の日本人は宇宙人と交流していたというから、驚きではないか。

キリストが日本で死に、その墓が青森県にあるという説も、『竹内文献』の記述から出た説だ。なんでも、十字架に磔《はりつけ》になったのはキリストの弟イスキリで、キリスト本人は日本に逃れて天寿をまっとうした。その墓が青森県の戸来にある。この「戸来」は、「ヘブライ」がなまったものだという。

こんな具合に、『竹内文献』は日本史はもちろん、世界史、というよりも地球の歴史、あるいは宇宙の歴史まで解き明かしてくれるのだ。

およそ科学的ではないし、考古学や歴史学からも大きく逸脱し、幻想小説に近いといってもいいほどだ。

しかし、これをまじめに信じる人びとがいた。

天津教弾圧事件とその後

この衝撃の歴史を記した文書が「公開」されたのは、一九二八年（昭和三）のことだ。後に天津《あまつ》教という宗教の教祖となる竹内巨麿によってである。

竹内巨麿は一八七四年（明治七）頃に富山県で生まれた。私生児として生まれ、すぐに竹内家の養子となった。しかしその養父母、養祖父が亡くなると東京に出て、やがて御嶽《みたけ》教会に入信し行者となった。翌年には御嶽教会の一支部として、御嶽天津教会を開設した。やがて、天津教の活動が大きくなると、昭和五年には御嶽教大本庁と対立し、破門されてしまう。

実は竹内巨麿は養祖父が亡くなった際に、平和な世の中になったら天皇に献上せよとの遺言と共に、同家に伝わる神宝を相続していた。それが「公表」されるのが一九二八年のことで、巨麿は『竹内文献』と神骨神体という七十六体の神像を公表した。これにより、天神教団は大きくなっていく。

大正デモクラシーから軍国主義が台頭する時代になっていた。超古代には日本が世界を支配していたという考え方は、軍人を中心とした国家主義的な思想の人びとの心を捉えたのである。

御嶽教会を破門されたので、竹内は天津教団の活動を拡大していく。

天津教はなぜ弾圧されたのか

竹内としては天皇家のためと思っていた布教活動だったのに、よりによって、竹内は不敬罪で逮捕されてしまう。昭和十一年のことだった。

天皇家の出自に関する記述や、伊勢神宮についての伝説の部分が、当時の天皇家・宮内庁が正しいとしている歴史に反したため、当局が警戒して、弾圧に出たのだ。これが一九四四年（昭和十九）まで続く、「天津教弾圧事件」である。

事件になったことで、『竹内文献』が偽書であるかの鑑定が学者によってなされることになる。結果として、当然のことではあるが学会では偽書と断定された。

この弾圧によって、『竹内文献』や宝物の多くが当局に押収された。竹内は戦中の一九四四年に裁判では証拠不十分で無罪となったが、『竹内文献』は押収されたままで、一九四五年（昭和二十）三月の東京大空襲によって焼失してしまった。

こうして原本がなくなってしまったため、『竹内文献』は、かえってその神秘性を高めた。焼失したことで、偽書だと断定する物理的な根拠が失われてしまったのだ。

原本が焼けたことで、その「写本」と称するものが、いくらでも出てくるようになる。

原本は、紙も墨も大昔のものでなければならないが、写本であれば、現在の紙に書かれていても不思議はない。

天津教は、戦後は占領軍によって弾圧されていたが、占領が終わった後の一九五二（昭和二十七）に宗教法人として活動を再開した。巨麿は昭和四十年に亡くなるが、教団は現在もあり、皇祖皇太神宮天津教という。

『竹内文献』は皇祖皇太神宮天津教では教典と位置付けられている。

「ウガヤ朝」とは?

『竹内文献』だけでなく、この後に紹介する『富士宮下文献』(富士文献)、『上記《うえつふみ》』、『九鬼《くかみ》文書』などに共通するのが、神武天皇以前に日本にあったとされる「ウガヤフキアエズ王朝」という。本書ではそれを略した通称「ウガヤ朝」である。正確には「ウガヤ朝」であると記す。

『古事記』『日本書紀』以前の超古代についての歴史書を「古史古伝」とも呼ぶが、そのほとんどに共通するのが、ウガヤ朝である。それらはすべてフェイク・ヒストリーである。

ひとつの偽書がまた別の偽書を生み出すわけだが、その結果、いろいろな偽書に「ウガヤ朝」は登場することになり、それはまさに、ウガヤ朝が実在した証拠ではないか、となってくるので、恐ろしい。

そのウガヤ朝と『古事記』『日本書紀』の神話とが一部重なるので、ますます混乱してしまうのだが、それもまたウガヤ朝が実在した証拠らしい。

「古史古伝」の共通点と相違点

ウガヤ朝が何代続いたかは文書によって異なる。『竹内文献』では七十二代、『上記』でも七十二代だが、『富士宮下文献』では五十一代と少ない。『九鬼文書』は七十三代と、少し違う。

誰が始めたかは共通していて、ホリオ（火遠理命）の子ウガヤフキアエズ（鵜草葺不合命）が開いた。このウガヤフキアエズは、『古事記』『日本書紀』では、カムヤマトイハレビコこと神武天皇の父とされている。つまり、『古事記』『日本書紀』は、ウガヤフキアエズとカムヤマトイハレビコの間にいた、何十人もの天皇を省略しているのである。

共通部分が多いのが『上記』と『竹内文献』で、前述のようにウガヤ朝は七十二代続いたことになっている。女帝が十九人いる。また、父から子への相続だけでなく、兄弟間の同世代相続もあるので、世代だと六十二世代となる。女帝はいるものの、その子が天皇になることはなく、男系で続いたようだ。何代か遡って、その孫とかひ孫が継ぐのである。

このように共通する部分もあるが、『竹内文献』では、「不合朝」と書いて、「あえず朝」

と呼ぶ。そして、この不合朝のもっと前に別の王朝があったとされている。『富士宮下文献』ではウガヤ朝は五十一代となっており、ここでは女帝はいない。『上記』と『竹内文献』での女帝は皇后だったことになっている。数が異なるのは、『上記』『竹内文献』の第五十二代〜第七十代にあたる天皇が、『富士宮下文献』で抜けているからのようだ。

『富士宮下文献』は、単純に父から子への相続ばかりだ。もし本当にそういう王朝が存在したとしたら、これはかなり稀有である。世界のさまざまな王朝は、どこでも父から子への相続だけでは何十代も続けていくことができない。もっとも、神に近い時代の話なので、そういうこともあったのかもしれない。

もうひとつの『九鬼文書』は高千穂の宮で七十三代続いたことと、最後の王が神武天皇になったこと以外は記されていないようだ。

どれがいちばん古いのか

『竹内文献』は昭和になってから発見されたが、他の文書はいつ発見されたのであろうか。

『上記』は、一八三七年（天保八）に現在の大分県にあたる豊後国で発見された。『富士宮下文献』は、一八八三年（明治十六）に、山梨県富士吉田市の宮下家で発見された。『九鬼文書』は一九四一年（昭和十六）である。

つまり、最も古いのは『上記』ということになる。『竹内文献』はそれを書き写したと考えたほうがいいだろう。『富士宮下文献』は『上記』を参考にして新たに書いたもの、『九鬼文書』はこういうことも知っているよ、というようなものか。

これらの他にも、『神伝上代天皇記』なる文献に記載があると主張する人もいるが、この『神伝上代天皇記』そのものが一部が公表されただけで全貌が明らかではなく、実在するのかどうかも怪しい。

というわけで、ウガヤ朝は江戸時代に考え出されたのではないかと思われる。

あるいは、伝説についてはもっと前に遡ることができるのかもしれない。

Fake 19

富士宮下文献

富士山にまつわる
もうひとつの古代史

富士山は、神々の住む世界だった

『古事記』によると、神々のいる場所は「高天原《たかまがはら》」で、天上にある世界である。したがって、地上にはないはずだが、神話は、多少のフィクションは混ざっていても、基本的には現実に起きた出来事をモデルとしているとの考えに立つ人びともいて、高天原は実在したとして、その場所探しが行なわれている。邪馬台国はどこかというのと似ていなくもない。

その高天原の候補地としては大和地方の葛城《かつらぎ》とか、宮崎県の高千穂、あるいは熊本の阿蘇など全国各地にあるが、そのひとつが富士山である。

なるほど、高天原が天上にあるとしたら、そこに最も近いのが富士山である。

かくして、ここに登場するのが、『富士宮下文献』である。

『富士宮下文献』も「古史古伝」のひとつだ。最大の特徴は、富士山が高天原であると証明された点にある。もちろん、この文章を信じるとしての話だ。

『富士宮下文献』は、山梨県富士吉田市の旧家である宮下家に伝えられていた古文書で、「富士文献」「宮下文書」「宮下文献」などと呼ばれることもある。

『富士宮下文献』は膨大な量のもので、その全容を記していくと、何冊あってもたりないくらいとされる。

この宮下家に伝わる文書が初めて公になったのは、一八八三年（明治十六）のことである。宮下家の氏神である福地八幡《ふじはちまん》旧社の祭典に際し、当時の宮下家当主、第七十七代宮下源兵衛義興なる人物が開封した。

それまでは絶対に開封してはならないとされていたのに、なぜこの時に限って開封したのか、その理由がよく分からないのだが、とにかく開封された。

当初は富士山と高天原のことは話題にはならず、もっぱら南朝時代のことが詳細に書かれているというので、歴史研究者の間で話題になっていたようだ。

『富士宮下文献』によると、神代には、「天之世《あめのよ》」七代、「天之御中主之世《あめのみなかぬしのよ》」十五代、「高天原之世《たかまがはらのよ》」七代、「豊葦原之世《とよあしはらのよ》」五代、そして、「宇家潤不二合須世《うがやふじあうす》」五十一代という、五つの王朝があって、ようやく神武天皇の時代になる。

さて、こうした大昔の物語は中国からやってきた徐福《じょふく》が、古代の日本人から教えられたという設定となっている。徐福は司馬遷の『史記』に出てくる人物だ。秦の始皇帝に、「東方の三神山に長生不老（不老不死）の霊薬がある」と言って、三千人を連れて船出したものの、戻らなかったという伝説の人物だ。

『史記』は歴史書なので、そこに書かれている徐福は実在したはずだということになっており、彼は日本に着いてそこで王となったのだという伝説が、日中双方にある。『史記』によれば、徐福が連れて行った三千人は若い男女と多くの技術者で、五穀の種を持って旅立った。

日本側の伝説では、徐福が来たのは第七代天皇、孝霊《こうれい》天皇の時代である。孝霊天皇の在位は西暦に換算すると紀元前二九〇年から紀元前二一五年。始皇帝の時代と重なる。

徐福が日本に来たとして、どこに住んだのか。これには日本各地に伝説が残っているが、『富士宮下文献』では、富士山麓に住んだという。徐福は富士山が伝説の蓬莱山だと考えていたのだ。中国の最新技術を日本人に伝授したことで、すっかり信頼を得た徐福は、富士山麓に住む人びとから、「富士山は、昔、高天原という神々が住む世界だった」という衝撃の事実を教えられた。

それが五つの王朝の話である。徐福はこのままでは貴重な歴史が失われてしまうのではないかと考え、阿祖山大神宮の宮司や、神々の子孫たちにその先祖の話を聞いて書き記したり、神代文字で書かれた史料を漢文に翻訳したりした。

徐福一代ではその仕事は終わらず、彼の子孫たちが書き継いでいき、膨大な量の文書ができた。

その後、富士の北麓には古代都市ができ、徐福の文書はそこにできた阿祖山大神宮に保管される。

宮下家の苦難の歴史

この阿祖山大神宮の宮司である宮下家は、皇位を狙い仁徳《にんとく》天皇に反旗を翻したために滅ぼされた大山守皇子《おおやまもりのみこ》の子孫だということになっている。この皇子は『古事記』『日本書紀』にも登場する。大山守皇子は父である応神《おうじん》天皇の命令で東国に下り、阿祖山大神宮の宮守司長になったのだ。

しかしヤマト王権が隆盛になると衰退してしまい、そこに追い打ちをかけるように、延暦十九年（八〇〇）に富士山が大噴火したため、この土地は溶岩の下に埋もれてしまったのである。阿祖山大神宮もそれを免れることはできなかったが、大宮司が文書を携えて脱出して、相模国高座郡に避難し、その地の寒川神社の大宮司となった。

その後も宮下家の苦難は続く。鎌倉時代の弘安五年（一二八八）、洪水が寒川神社を襲い、文書は水に流されてしまった。写本が残っていたのでどうにか伝えられた。鎌倉幕府滅亡後、宮下家は後醍醐天皇の建武政権に参画したが、室町幕府が成立するとまたも反体制となってしまい、幕府によって文書の多くが焼き捨てられた。江戸時代の寛文年間（一六六一〜七三）には、領主と対立したため当主は斬首となり、残っていた文書も焚書《ふんしょ》になった。

これだけ時の権力者の弾圧を受けながらも、文書は宮下家によって死守されてきた。この古文書が明治十六年になって封印が解かれたのだ。

偽書の多くが、数百年、数千年の間に、何度も災害や権力者の弾圧で喪われるものの、写本があったのでそれが伝えられた、という物語を持つ。これは、数千年も前のものがそのまま残っているという設定だと、紙や墨などを鑑定されるとボロが出るからだ。といって、門外不出とされているものに写本があるのも不自然なので、唯一の写本というものが設定され、それがあったから伝えられ、それがまた万一に備えて写本が作られたという話になる。

古文書を守り続ける一族のほとんどが南北朝時代に南朝に属するのも、「時の権力者からの弾圧」を受けるためだ。

誰が作ったのか

この『富士宮下文献』が発表されたのは、一九二一年（大正十）のこと。三輪義熙《よしてる》なる人物の著書『神皇紀』に、その一部が紹介されたのだ。

それは膨大な『富士宮下文献』のなかの、神々の時代が書かれた「開闢《かいびゃく》神代暦代記」の部分である。

現在の視点からみれば、怪しいことこのうえない『神皇紀』を、当時のマスコミや文化人たちは好意的に受け取り、大発見だと支持した。翌年には三輪を理事長として財団法人富士文庫が設立され、政治家、軍人、大学教授たちが参加した。

研究者のなかには地質学の専門家もいて、古代の地震の研究からも、『富士宮下文献』に書かれていることは正しいとした。

彼らの研究というか妄想はふくらみ、この古代都市には黄金の巨大神殿があったはずなので、溶岩の下には莫大な財宝が眠っているとか、さらには空飛ぶ戦艦による空中戦が展開されたとか、伝説が作られていく。

しかし富士文庫の活動も、数年でしぼんでしまった。何の成果もあげられなかったのだ。

さらに『富士宮下文献』も、現在の天皇家の正統性に疑問を持たせる内容だったので、当時の政府、軍からも危険視されたようだ。しかし、これぞ真実の歴史だと思う人にとっては、政府が危険視しているのは正しいと証明されたも同然ではないか、という論理になっていく。

写真版があるのは本物の証拠か

『富士宮下文献』を正しいとする人は、その根拠として『神伝富士古文献大成』全七巻が出版され、そこには現存する文献が写真に撮られて掲載されていることを挙げている。

たしかに「古史古伝」の多くは発見者が現代語に翻訳したり、あるいは書かれた当時の文章だとしても現物そのままではなく、活字に組まれたものが公開され、文献のオリジナルを見せるものは少ない。『富士宮下文献』は例外的にテキストのオリジナルが分かる。もし偽作だとしたら、偽物と判明する手がかりを与えることになるので、オリジナルの公開は避けるはずだ。それが堂々と出版されているのだから本物だという証拠だとなるのだ。しかし写真では紙質までは分からない。どの程度、古いものかは現物を調べさせるしかないのではあるが。

内容的には、古代の文献のはずなのに、「司令」「大本営」といった近代の用語があったり、登場する神々の考え方が非常に現代人に近いなど、つっこみどころはかなりある。神々の物語のなかには古代インドの叙事詩『ラーマーヤナ』に似ている話があったりもする。もっとも外国の古代の書に似ているというのは、信じるほうからすると、日本の話を向こうが真似したのだとなるので、水掛け論になる。

中国の神話も含まれる壮大なドラマ

『富士宮下文献』は徐福が関係しているだけに、古代中国の神話時代と日本の神話時代とが関連づけられ、お話としてはなかなか壮大で面白い。

それによると、こんなドラマが太古の日本と中国では展開されていた。

この世界の最初に君臨していたのは「天之世」七代で、次が「天之御中主之世」十五代で、神々は大陸にいた。その十五代目の神が中国の神話で知られる、炎帝神農氏《えんていしんのうし》。この神農氏の一族は東の蓬莱を目指して移住し、そこを高天原と定めた。これが、富士山だという。

神農氏の兄弟は、日本を東西に分けて、それぞれ統治した。これが「高天原之世」七代の始まりだ。

中国で理想的な帝王だったとされる古代の「五帝」は神農氏の子孫で、その五帝の後を引き継いだ夏王朝、夏を倒した商（殷）王朝、商王朝を倒した周王朝、さらに秦始皇帝も、みんな神農氏の子孫だという。日本の王朝も、神農氏の兄弟の子孫なので、一族に含まれる。日本が「神国」と呼ばれるのも、神農氏の子孫の王朝だからである。

『竹内文献』などが、日本の天皇家が世界を支配していたというのとは逆で、日本の天皇家のルーツは中国だとしている点が珍しい。

「高天原之世」七代の次が「豊葦原之世」五代だが、都は高天原である富士山の北麓にあった。初代は女王オオヒルメだったが、新羅の王子タカが攻めてきたので、山奥の岩戸に隠れた。タカは説得されて、オオヒルメを姉として敬うことになり、名をソサノサノと改めた。つまり、『古事記』などのアマテラスとスサノオの兄弟の話が原型であるといいたいのだ。

しかし、その後も外敵が攻めて来るので、第五代アソオの時代に、九州に遷都した。阿蘇山は、これと関係あるらしい。こうして王朝は九州に遷都したが、富士山への信仰は消えない。九州で五十一代にわたり続くが、その間も、高天原である富士山を祀る阿祖山大神宮は尊重されていたのである。

そして五十一代神武天皇の時代になり、九州にあった王朝は東征し大和地方に王朝ができた、ということになる。

『富士宮下文献』は歴史学者の間では偽書と断定されているが、どの時代に誰によって作られたのかは、いまだ明らかになっていない。

Fake

20

上記《うえつふみ》

鎌倉時代に編纂されたらしい
超古代史

明治時代に発見された奇書

「上記」と書いて、「うえつふみ」と読む。「古史古伝」もののルーツといってもいいもので、江戸時代に発見された。『竹内文献』が作られるにあたり、参考文献となったのは間違いない。共通する部分が多いのだ。

『上記』の内容は、超古代、神武天皇以前のウガヤ朝の話が中心だが、地誌や産業、交通、外交、軍事など、昔の社会全般についての記述も多く、「古代の百科全書」とも称される。漢字渡来前に使われていた神代文字のひとつ、「農国文字」で書かれていたとされる。

『上記』が発見されたのは、江戸時代後半の天保八年、一八三七年のこと（一八三〇年説もある）。いまの大分県にあたる豊後《ぶんご》の国学者、幸松葉枝尺《さちまつはえさか》によってである。この幸松には従姉妹がいて、彼女が嫁いだのが宗像良蔵という。この宗像家に代々伝わっていた箱を、良蔵の死後、その妻が実家に戻る際に持ち帰った。幸松はその箱を見せてもらいその中身に驚き、これは貴重な文献だとして写本を作った。これが現在、流布している『上記』のテキストである。宗像家にあったものなので、「宗像本」という。

では原本はどうなったのかというと、一八七三年（明治六）に洪水で流されてしまったとも、宗像家が取り返しに来て渡したところ、そのまま行方不明になったともいう。ようするに現存しない。「偽書」によくあるパターンだ。

この『上記』の存在が広く知られるようになったのは一八七七年（明治十）のことだった。大分県の吉良義風なる人物が『上記抄訳』を出版してからである。その題の通り、『上記』のダイジェスト翻訳版だ。

これとは別に一八七三年（明治六）に、やはり大分県の海部郡に住む大友淳なる人物の家で発見されたものの写本も存在し、これは「大友本」という。こちらは活字にはなっていないが、内容は「宗像本」とは異なるらしい。

編纂されたのは鎌倉時代か

そもそもこの『上記』は、誰がいつ編纂したものなのか。鎌倉時代の豊後国の守護だった大友能直《おおともよしなお》だという。この人物は実在する。一説には源頼朝のご落胤《らくいん》だというのだが、その話はこの『上記』とは直接の関係はない。

大友は平家方の武将である梶原景時が隠し持っていたとされる文書『新治《にいはり》の文』を入手した。この文書は平安時代末期に、現在の茨城県にあたる常陸国新治郡で発見され、朝廷へ献上されたものの、平清盛が「偽書」だとして焼き捨て、献上した使者も殺してしまった。しかし、その断片が景時によって、密かに隠されていたという。それを大友能直は入手したのだ。

大友はかねてから古代史に関心を抱いていたのだが、源平の騒乱で古代に関する資料の多くが喪われてしまったことに心を痛めていた。また仏教が広がり、さらには中国の文字である漢字の普及にも、それによって日本古来の歴史と文化がなくなってしまうと憂いていた。

大友は「高千穂大宮司家」や「日向国王」の伝書とされる文書をすでに入手していた

が、それらは漢字でも仮名でもない文字で書かれていて、判読できずにいた。景時が持っていた文書はその読めない文字を読む鍵となるものだったのである。そこで大友はこの三つの書をキーとして、太古の歴史を明らかにする歴史書の編纂という大事業を開始した。

こうして九州各地に伝わる文書が集められた。あるいは土地の古老を訪ねて、昔話を聞いて、書き取っていった。編纂に従事した者のなかには、中国をはじめ、ロシア、インド、フランスなどヨーロッパにまで取材に行った者もいた。

このあたりで何だか怪しくなってくる。大友能直や梶原景時は実在するが、景時が隠し持っていた文書とか、歴史書の編纂といったあたりからは、「創作」とみていい。

長きにわたる日本の歴史を詳細に記す

『上記』は、『古記事』や『日本書紀』と似ている部分も多い。それはどちらも、真実の歴史であれば、似るのは当然である。学者によっては『古事記』よりも詳しいので、『古事記』『日本書紀』を読み解くうえで参考になるとする人もいるくらいで、よくできていることは間違いない。

よく言えば「日本神話の集大成」であり、ようするに寄せ集めともいえる。

なかでも、『古事記』が詳しく伝えていない、出雲のスサノオからオオクニヌシまでの五代の神の時代について詳しい。そこから、これは「出雲王朝」の記録であるとする説もある。スサノオとかオオクニヌシは、もちろん神話なのだが、それを実在した王をモデルにしたはずだと考えれば、その間の何代かについての話もあって当然なので、神話研究という立場からは、興味深い記述もあるのはたしかだ。

『上記』の最大の売り物は、『竹内文献』などにも影響を与えたと考えられる、ウガヤフキアエズ朝の歴史である。

『上記』の冒頭は、『古事記』と同じで、「アメツチノハジメノトキ…」と、天地（宇宙）開闢から始まって、日本列島の創世があって、ニニギ王朝の話になって、山幸彦王朝となって、ウガヤ朝になる。

まず、『古事記』『日本書紀』にある正統日本神話を確認してみると、高天原から降臨するのはヒコホノニニギ、その子が海幸彦と山幸彦の話で知られる兄弟で、その山幸彦にあたるのがヒコホホデミで、この神と、竜宮の姫トヨタマヒメとの間に生まれるのが、ウガヤフキアエズで、その子供がイハレビコ、すなわち後の神武天皇となる。

「記・紀」では、父子の関係のウガヤフキアエズと神武天皇だが、『上記』では、その間に七十一代、二人を含めると七十三代の神というか天皇というか王がいたことになる。

とりあえず、王としておこう。その王朝の場所は九州である。

『上記』ではウガヤ朝の歴代の王についてそのキャラクターや業績が記述されている。

第二代は、文字と紙と筆を考案した。その文字が豊国文字と呼ばれる神代文字のようだ。

第三代は中国からの使者を迎えた。医薬、医術もこの代で開発され、四国と本州にも巡幸した。

第四代は単位である度量衡《どりょうこう》を制定した。また北方がロシアに攻められたので、薩摩から蝦夷までの守りを固めた。少し飛んで、第十三代は女帝だが、天文学を臣下に学ばせた。星の運行から占うためだ。ウガヤ朝の歴史が編纂されたのは、第三十六代の時。

第三十八代では伊豆半島の沖の陸地を探検させた。この陸地は小笠原諸島という説と、北米大陸だという説とがあるそうだ。

四十代は市場の場所を定め、そこに家屋を建てさせた、すなわち、都市の誕生である。

四十二代も南へ調査隊を派遣している。この南方が、琉球なのか南米大陸なのかは研究者の解釈によって異なる。

四十九代はかなりローカルな話題となり、別府温泉と有馬温泉を開発したのが業績である。五十二代は、漁獲法と航海術を民に教えた。なんと、この時代に羅針盤が発明されている。

第五十四代から六十八代までの記録は欠けている。

七十一代になって日本列島を大地震が襲い、飢餓にも見舞われる。この事態に王は全国に臣下を派遣して人民を助けた。すると王が忙しいのにつけこんで、大和地方の豪族ナガスネヒコが、自分が王だと僭称《せんしょう》し、大和を助けに来ていた王の息子イツセを暗殺、これによってウガヤ朝とヤマトの戦争が始まった。戦争は長く激しいものだったが、ウガヤ朝の勝利で終わり、ナガスネヒコは自害した。

ウガヤ王は死んだイツセ王子を名目上の第七十二代にして引退し、イツセの弟であるサヌをウガヤ王とした。サヌは大和に遷都し、新たな王朝を建てた、このサヌがすなわち神武天皇である。

偽書である根拠

神武天皇が即位したのは西暦に換算すると、紀元前六六〇年で、これ自体がすでに考古学で判明していることと矛盾するのだが、さらに数千年も前から日本には王朝があったことになってしまう。

歴代の業績をみていくと、人類の文明史の発展そのものでもある。もし本当にそういう王朝があってそういう歴史があったのなら、たいしたものだが、そうではないとしたら、かなりの知識がないと書けないものだ。とても鎌倉時代に書かれたとは思えない。だから、信じる人は「これは真実の記録である」と考えるだろう。疑う人は「明治になってから書かれたものだ」と考える。

編纂を命じた大友能直が実在したと書いたが、『上記』の序文にあるように、この人物が大分に赴任した事実はない。もちろん鎌倉か京にいて、現地の部下に命じて編纂させた可能性はあるが、史実では貞応二年（一二二三）に死んでいるのに、『上記』ではその三年後に山にこもったと書いてあり、矛盾する。

序文にはロシアやフランスなどの地名が出てくるのだが、鎌倉時代の日本人にそんな地名の知識があったとは思えない。だいたいフランスはともかく、ロシアが「ロシア」という国名を名乗るのは十六世紀である。

そんなことから鎌倉時代に書かれたものではないことは、たしかなようだ。

では、誰が何のために作ったのか。それはまだ解明されていない。

Fake

21

物部文献

神武東征にまつわるもうひとつの歴史

古史古伝ファンが待ち望んでいた文書

物部《もののべ》氏といえば古代のヤマト王権で権勢をふるっていた豪族である。祭祀と軍事の両面で天皇を支えていた。

ところが崇峻《すしゅん》天皇の時代に蘇我氏との間で、仏教を崇拝するか否かの崇仏排仏戦争が勃発すると、排仏派であった物部氏は敗北した。失脚した物部氏の一族は北へと落ち、一族の発祥の地である、いまの秋田県仙北郡に隠れた。現在の唐松神社宮司家はこの物部守屋の子、那加世の子孫とされる。

この物部家に代々の当主が他人に見せることを禁じ、一子相伝で継承してきた文書があるらしいとの話は戦前からあった。実際、神代文字で書かれた祝詞が公開されたこともあり、古史古伝ファンの間では、『物部文献』の公開はずっと待たれていたのだ。

それがようやく一九八四年になって、満を持したかのごとく物部長照名誉宮司の英断で一部が公にされた。そこには予想通り、『古事記』『日本書紀』とは異なる古代世界が記されていた。

神功皇后の知られざる史実が明らかに？

『日本書紀』によれば、神武天皇が東征に出る前に大和地方へ行った者がいる。それがニギハヤヒで、天磐船《あめのいわふね》に乗って行ったというから、『日本書紀』も、神話部分のファンタジー度では、「古史古伝」とあまり変わらない。逆に言えば、『古事記』『日本書紀』のそうした部分をさらに発展させたのが、「古史古伝」なのだから、根は同じだ。

ニギハヤヒは大和に飛来すると、その土地の豪族のナガスネヒコの妹を妻とし、神武天皇が攻めてくると、ナガスネヒコ側に味方して戦った。だが、ニギハヤヒと神武天皇は互いに天津神の子であることが分かると手を結び、ニギハヤヒはナガスネヒコを裏切って殺し、神武に降伏した。こうして神武東征は成功、ニギハヤヒは天皇を支える豪族のひとつ、物部氏の祖先となる。『古事記』では少しストーリー展開は異なるのだが、だいたい同じだ。

ところが、『物部文献』では、ニギハヤヒが降臨したのは畿内ではなく、東北地方だったとある。ニギハヤヒは出羽国鳥海山に降臨すると日の宮を造営した。これが『物部文献』を守る唐松神社の由来である。

ニギハヤヒは日本列島の東から平定していき、やがて大和に到達すると、ナガスネヒコと最初は争うが和睦し、大和に留まっていた。そこに、西から神武天皇がやってくる。あとは、『日本書紀』と同じで、ナガスネヒコを裏切って、神武に屈する。そして、自分がこれまでに平定してきた東国も神武に献上してしまうのだ。

神武はニギハユヒの子ウマシマヂを神祭と武の長に任じた。物部氏が大和朝廷で祭祀と軍事を担っていたのは、このためである。

『物部文献』にしかない記述としては、神功《じんくう》皇后の三韓征伐のエピソードもある。神功皇后は仲哀《ちゅうあい》天皇の后だったが、天皇の死後、応神天皇を懐妊したまま、朝鮮半島に出兵したとされる。しかし実在したのかどうかは、学界でも見解が分かれている。「偽書」の作者たちはそういう人物を好む。

神功皇后は三韓征伐の後、畿内に帰るが、その際に蝦夷を経由し東北地方を通ったというのが、『物部文献』にしかない記述である。当然、日の宮に詣で、さらに対になる月の宮の社殿を造営した。神功皇后は「韓国を服ろわせる」ことができたのは神のおかげであるとして、その社を韓服宮と呼んだ。これが、唐松宮になったのである。

ようするに自分の神社を宣伝するための文書なのだが、この地方に伝わる伝承が何らかのベースになっているとも考えられ、古代の人の交流とか、権力闘争の何かが反映されているのだろうか。

勝者である大和朝廷の正史である『日本書紀』とは微妙に違うのは、敗者の歴史だからで、もしかしたら、この『物部文献』にあることのほうが正しいのかもしれない——

「古史古伝」ファンはこのように発想する。それはそれで、ひとつの考え方だ。

「古史古伝」ファンと、歴史学者のためにも、唐松神社には『物部文献』の全容を公開してもらいたいものだ。

Fake 22

九鬼《くかみ》文書

聖徳太子が消そうとした歴史

大和と出雲の接点

『九鬼《くかみ》文書』は、中世から近世にわたり瀬戸内海に活躍した九鬼《くき》水軍で知られる九鬼家に伝わる文書である。

九鬼家は兵庫県にある高御位《たかみくら》神社の宮司を務めてきた家でもある。さらに、熊野修験をたばねる熊野別当でもあり、宗教的な権威のある家だった。

この九鬼家秘伝の史書についての言い伝えは古くからあったが、その内容が広く知られるようになったのは、一九四一年（昭和十六）のことだ。九鬼家から秘蔵文書の閲読《えつどく》を許された三浦一郎という人物が『九鬼文書の研究』なる本を出版したのだ。この人物は、大本教に大きな影響を与えた人でもあった。

『九鬼文書』は全三十巻で、宇宙の始まる時から明治までの歴史が書かれているとされる。もともとの超古代にあたる部分は、神代文字で書かれていたものを藤原不比等《ふひと》が漢字仮名混交文に翻訳し、奈良時代以降の部分は、後世になって書き加えられたとされている。

三十巻のすべてが「史書」ではなく、神道や修験道、あるいは密教などの秘伝や兵法の秘法などが書かれた巻もあるという。

現在までに発表されているのは「歴史秘録」(「神大略」「神代系譜」「天地言文」など、天地創世から村上天皇までの歴史)、神代文字について書かれた「古代和字」、大中臣《おおなかとみ》神道の精髄を伝える「神道宝典」、大中臣家伝来の卜占《ぼくせん》秘宝が書かれた「太卜秘想」、九鬼流の「兵法武教」、薬草や精神療法、鍼灸法が書かれた「病理医薬」、九鬼文書の筆録で書き写した人たちの伝記などの「筆録群像」、九鬼家秘蔵の神宝目録である「九鬼宝物」などである。

「歴史秘録」には、神武天皇よりも前の天皇家の歴史も書かれている。その内容は、『竹内文献』に書かれているものと同じ内容が多い。これは、どちらかが真似したのではなく、「真実」はひとつなので、いろいろな史料に同じことが書かれていても不思議ではないということになる。『九鬼文書』にも『上記』の影響が見られる。

歴史だけでなく、医学や武術などの書もあり、百科全書的なのも、『上記』と似ているのだ。

『九鬼文書』が描く超古代史の最大の特色は、現在の天皇家の祖先を、『古事記』や『日本書紀』が伝えるアマテラスオオミカミではなく、その弟のスサノオノミコトとする点だ。スサノオノミコトが拠点とするのは、出雲である。

つまり、出雲にはヤマト王権に匹敵する王朝があったのではないか。それが、ヤマト王権に負けたため、その歴史も併合されてしまった――この説は、割合と多くの人が唱えており、それほど荒唐無稽な珍説ではない。しかし、『九鬼文書』がそれを実証しているとなってしまうと、言い過ぎなのではないか。

なにしろ、『九鬼文書』によると、大国主命はスサノオの皇子で白人根国小登美命の子で、黒人根国、つまりインドに行ったことがあり、そこから再び日本に戻ったとか、野安押別命《のあすわけのみこと》とか、母宇世《もうせ》とか伊恵斯《いえす》などの名があるとか、大変なことになっていく。野安押別命とは、ノアの方舟のノアのことだ。方舟に乗せる動物を選んだので、押別命なのだろう、母宇世は『旧約聖書』の十戒のモーゼ、伊恵斯はもちろんイエス・キリストである。こんな人びととも超古代の天皇は親交があったという。
また、イザナギ三代天皇はエジプトに降臨して、伊駄国を作ったなどということも書かれている。

聖徳太子との関係

さらに時代は下って聖徳太子の時代となる。この頃、仏教が伝来して盛んになるが、一方で、古くからの神道を信仰する人も多かった。そこで仏教派の聖徳太子は蘇我馬子《そがのうまこ》と共に、物部氏や中臣《なかとみ》氏ら神道派を滅ぼしてしまった。その際に、神典と宝物を焼き捨ててしまったため、宇宙開闢以来、一〇万三四五一年にわたる「天地言文《あまちことふみ》」も焼けてしまった。

聖徳太子が物部・中臣氏を追放した際に、焚書もなされ、貴重な文献が焼かれてしまったのだ。このように、『九鬼文書』の世界では、聖徳太子は歴史を抹殺した人物という扱いとなっている。

ところが聖徳太子の焚書を免れた写本があった。そうでなければその存在すら後世の我々は知ることができないところだ。その写本は越前の武内（竹内）氏、奥州に逃れた物部氏、信州に逃れた大中臣・春日氏らによって保管されていた。

竹内家に伝わったものは『竹内文献』、物部氏に伝わったものは『物部文書』となった。さらにもうひとつ、春日家に伝わったはずの『春日文書』もあるはずだとしているが、これはまだ「発見」されていない。もしかしたら、そのうち発見されるかもしれず、そうしたら、同時に『九鬼文書』や『竹内文献』が偽書などではないことも証明されることになる。もちろん、その『春日文書』が偽書ではないとして、の話だ。

さらに、三浦一郎は、そもそも日本人とユダヤ人とは祖先が同じだと主張していたが、『九鬼文書』は、それを証明したことになっている。また、インドの釈迦も日本系だったことも、この文書によって確実となったとする。

従来の日本の学者は世界各地に日本の文化と似たものがあると、それらは日本に伝来したもので、オリジナルは外国だと解釈していた。しかし実はその逆で、太古には日本人が世界を支配していたため、世界各地に日本の文化と似たものがあるのだと説明する。なかなか日本人のプライドをくすぐる説である。

弾圧された九鬼文書

三浦一郎も戦争中に警察に検挙され、長期にわたる取り調べを受けた。戦前は、『古事記』『日本書紀』が正しいという前提で、天皇はアマテラスオオミカミの子孫、つまり神であると国民に教えていたので、それとは異なる説を主張するものは、たとえ天皇を崇拝していたとしても、弾圧されたのだ。

しかし、その一方で軍部の一部には、日本の天皇の権威を世界中に広げることができるので、こうした文書を支持する者も出た。

三浦が書いた『九鬼文書の研究』は、もともと九鬼氏によって非売品として出版されたもので、数十部しか出まわらず、さらに当局により発禁となり、すべて没収され焼かれてしまった。聖徳太子の時代に次いで、昭和になって、またも焚書となったのだ。

さらに、『九鬼文書』は大本教の開祖である出口ナオにも影響を与えたとされる。九鬼家は江戸時代には綾部に転封され、その綾部で、大本教は明治期に発生するのだ。

開祖・出口ナオのお筆先に「九鬼大隅守の因縁がわかりてきたらどえらいことになるぞよ」という一節もある。

『九鬼文書』と大本教には共通の伝承ルートがあったようだ。九鬼家の遠祖は「高御位山」なるところで「鬼門八神・宇志採羅金神」を祭祀し、皇祖神をスサノオとするが、大本神話の中心神格は「艮《うしとら》の金神《こんじん》」とスサノオ尊である。

大本教の開祖・出口ナオはもともとは金光教を信仰していた。

焼けた九鬼文書

この『九鬼文書』だが、原本は空襲で焼けてしまったという。

そんなわけで現在は三浦の著書に引用されている部分しか、何が書かれていたかは分からないのである。このように原本がなくなったというのは、偽書のひとつの特徴でもある。物的証拠がないので、物理的な――つまり何百年前の紙に書かれたものかなどが調査できず、その方面からは偽書だと断定できなくなってしまう。

偽書というものは、「本物」だと認められる必要はなく、偽書だと断定されさえしなければいいのだ。

したがって、偽書を作る人や信じる人は、真贋論争にはあまり参加しないし、本物であると証明することに熱心ではない。偽書だと断定されたわけではない以上、本物である可能性があるというのが、彼らの主張である。だから証拠であるオリジナルの文書は焼けてしまったほうが都合のいいことも多い。

現物が喪われてしまうのが偽書のパターンなのだ。そして、喪われてしまうのは、それが「真実の書」であり、それが公になることを現在の天皇家が好まないので、それを支える勢力が闇に葬ろうとしてきたためなのだ——ここまでくると陰謀論だ。そう、偽書と陰謀論は表裏の関係にある。

Fake

23

先《せん》代《だい》旧《く》事《じ》本《ほん》紀《ぎ》大《たい》成《せい》経《きょう》

全七十二巻の超大作偽書

全七十二巻の大著が生まれるまで

「偽書事件」は江戸時代にもある。江戸時代には「言論・出版の自由」はないので、幕府が出版禁止を命じれば、その本は抹殺されてしまうし、出版に関係した者は処罰される。そういうリスクを冒してまで、ひとは偽書を作りたいものらしい。

徳川幕府を揺るがした偽書事件は、延宝七年というから、一六七九年、五代将軍綱吉の時代に起きた。『先代旧事本紀大成経《せんだいくじほんぎたいせいきょう》』と称する全七十二巻の大著の出版だ。「大成経」とは、「古代の古事を集大成した経典」という意味らしい。いまふうに言えば、「大全集」

といった感じだ。

もともと、『先代旧事本紀』なるものがあった。「せんだいくじほんぎ」と読み、天地開闢から推古《すいこ》天皇の時代までの歴史が書かれた書だ。『旧事紀《くじき》』『旧事本紀《くじほんぎ》』ともいい、全十巻からなる。

日本最古の歴史書といえば、『古事記』と『日本書紀』だが、『先代旧事本紀』はそれよりも前に作られたものとされる。序文には推古天皇の命によって聖徳太子と蘇我馬子が著したものだとある。『古事記』は和銅五年（七一二）、『日本書紀』は養老四年（七二〇）に完成、推古天皇の時代はその百年ほど前だ。『古事記』は推古天皇の時代まで、『日本書紀』は持統天皇の時代までが書かれている。

『古事記』も『日本書紀』もそれまでにさまざまな形で伝承されていた「歴史」をまとめたものとされているので、その元となる史料があったことは間違いない。『先代旧事本紀』はそのひとつなのだという理屈は、とりあえず成り立つ。そういうわけで、『先代旧事本紀』は平安中期から江戸中期にかけて、日本最古の歴史書だと思われていた。

『先代旧事本紀』の内容は『古事記』や『日本書紀』を、いまで言う「コピペ」したようなものなのだが、こちらが先にあり、『古事記』や『日本書紀』がそれを写したのだとすれば、同じなのは当たり前となる。しかしそれならば、『先代旧事本紀』の存在理由はない。ちゃんと『古事記』『日本書紀』にはないことも書かれており、とくに、物部氏の祖神である饒速日尊《にぎはやひのみこと》に関して詳しい。

物部氏は有力な豪族だったが、蘇我氏と争い、敗北した。これは仏教派と反仏教派との争いともされ、物部氏は廃仏派だった。

歴史は勝者が書くので敗者は悪人にされたり、あるいはいなかったことにされたりしてしまう。『古事記』『日本書紀』から、物部氏関連の事柄が抜けていても不思議ではない。というわけで、それが書かれていた『先代旧事本紀』はけっこう信用され、鎌倉時代、『先代旧事本紀』は真正の歴史書として、とくに神道系の人びとに尊重されていたらしい。室町時代には吉田神道が『先代旧事本紀』を、『古事記』『日本書紀』と並ぶ「三部の本書」としている。

だが、江戸時代に水戸光圀《みつくに》らの研究で、偽書ではないかと疑いがもたれ、本居宣長らも偽書説を唱え、近年の研究でも他の文献との整合性から偽書だとされている。

偽書の偽書

江戸時代に「発見」された『先代旧事本紀大成経』には「『先代旧事本紀』は全十巻

ではなく、もっと大量のもので、それが失われていた」という前提があり、ところが、その散逸されたと思われていたものが、発見されたとの触れ込みだった。十巻だったのが、いきなり全七十二巻になってしまったのだ。これが本当ならば、大発見である。

新発見の「大成経」は、神話時代の神々の話から、神武天皇から推古天皇までの歴史と、聖徳太子の詳細な伝記までが三十八巻にわたり書かれ、これを「正部」と称し、三十九巻以降は「副部」となっている。そこでは、神道と儒教と仏教の三つの教えが統括され、三教が争うのではなく、鼎立《ていりつ》するよう提唱されている。

事件になったのは、この書では天皇家の祖先である天照大神を祀っている「皇大神宮」の本宮が、伊勢神宮ではなく、その外宮の扱いを受けている伊雑宮《いざわのみや》だとしていたからだった。これに伊勢神宮がクレームをつけ、幕府に訴え出たのだ。

幕府は伊勢神宮の訴えを認め、『先代旧事本紀大成経』を偽書と断定し、同書を没収、発禁とし、これに関与したとして、伊雑宮の神主だった潮音道海と神道家の永野采女《うねめ》の二人を処罰した。

もともとの『先代旧事本紀』そのものが偽書の疑いが強く、その偽書のさらに原本だとするのだから、偽書と疑われても仕方がない。さらに、潮音道海は伊雑宮の神主だったので、営利目的だと、その動機まで決め付けられた。

二人が関与したのは事実だったようだ。しかし、まったく何もないところから「創作」したとはとうてい思えないので、何らかの原本は実在したはずだとの説もある。

没収され出版禁止とはなったものの、『大成経』はその後も密かに出回り続け、垂加《すいか》神道などに影響を与えた。

Fake 24

古事記

最古の史書への疑惑

そもそも『古事記』とは

テキストが現存する日本最古の書とされる『古事記』。現在では岩波文庫他、さまざまな本が出ており、簡単に入手して読むことができる。歴史の教科書にも重要な歴史書だと書いてあり、これを「偽書」だと思う人はあまりいない。

しかし本書で紹介した『上記』や『竹内文献』などを知っている方は、「ああいうのが偽書なら、『古事記』だって怪しいのではないか」と思うであろう。そうなのだ。『古事記』にも偽書説が根強くある。

学校で習ったといっても、もう何年も前なので忘れてしまったという方も多いだろう。まず簡単に『古事記』とはどんな書であるか復習しよう。

『古事記』と書いて、「こじき」と読むのが一般的だが、実は本当にそう発音するのかどうかは誰にも分からない。昔の本にはルビなどふられていないからだ。したがって、「ふることふみ」と読む可能性もあるし、もっと他の読み方をしたのかもしれない。

『古事記』は「古い書物」全般の意味で、この歴史書のタイトルではないという説もある。さて――こうなると『古事記』なるものについて、「本当のコト」など、ほとんど分かっていないことがお分かりであろう。

『古事記』の編纂者だが、稗田阿礼《ひえだのあれ》なる者が暗誦していた『帝紀』(天皇の系譜)・『旧辞』(古い伝承)がまずあって、それを太安萬侶《おおのやすまろ》が書き記し、朝廷に献上したと、序文に書いてある。他にこのことを客観的に証明する史料などない。なにしろ、これが日本最古の歴史書なのだ。だからこれを信じるしかない。となると、書かれた経緯についての信頼性は古史古伝と大差ないのだ。

「書いた」のは太安萬侶だとして、原作者ともいうべき稗田阿礼とはどんな人物なのか。はたして実在したのかとなると、この稗田阿礼についての史料は、『古事記』の序文しかないので、これも証明するものはない。なんでも一度見たり聞いたりしたことは、けっして忘れないという抜群の記憶力を持っていたので、『帝紀』『旧辞』などの暗誦を命じられたのだそうだ。

稗田阿礼が暗誦した『帝紀』『旧辞』とは何か。『帝紀』は歴代天皇について、その家族関係や治世年数、生年没年、陵墓所在地といった基本データと、治世における出来事などについて、口承で伝わっていたもので、それが六世紀半ばに文字に書き写されていた。『旧辞』は宮廷内の出来事や天皇家、国家の起源に関する話で、これも六世紀半ばには書き写されていた。

六世紀半ばに文書化されていたのなら、それをまとめればいいのに、どうして稗田阿礼がそれを記憶して暗誦したものを書き記さなければならないのか。このあたりも謎である。

それはともかく、朝廷に献上されたのは、和銅五年（七一二）。ときの天皇は女帝の元《げん》明《めい》天皇。四十三代天皇で、父は天智《てんち》天皇、異母姉に持統《じとう》天皇がいる。和銅三年（七一〇）に藤原京から平城京に遷都し、この天皇の時代に藤原不比等が朝廷の実力者となる。

このように完成した際の天皇は元明天皇なのだが、稗田阿礼に暗誦を命じたのは、天武天皇だった。『日本書紀』の編纂も天武天皇の命令による。

『古事記』には天地開闢から第三十三代推古天皇の時代までが書かれている。推古天皇が没したのは六二八年。天地開闢は数万年前であろうか。この数万年の歴史が記録されている書となる。

三巻で構成され、「上つ巻」には「序」といわゆる「神話」とされる部分が、「中つ巻」には初代神武天皇から十五代応神天皇まで、「下つ巻」には第十六代仁徳天皇から三十三代推古天皇までが書かれている。戦後、実在したであろうと学界が認めているのは十五代応神天皇からなので、「下つ巻」からが本当の歴史だと、とりあえずは言える。

文字は漢字で書かれている。ひらがなやカタカナは八世紀に使われ出したのが最古で、この時代には、漢字しかなかったのだ。文章も、漢文である。このあたりが、神代文字で書かれた古史古伝とは異なる。もっとも、古史古伝は、『古事記』よりも前に書かれたとされるのだから、それはそれでいい。

「偽書」であるかどうかは、書かれている内容で決まるのではなく、その文書の成り立ちが正しいかどうかなので、内容についての詮索は、このへんにしておこう。

原本はあるのか

和銅五年に朝廷に献上された三巻の『古事記』は現存していない。どんな紙にどのように書かれていたのかは、まったく分からない。原本がないのは、古史古伝と同じだ。印刷技術などないので一冊しかなかったのか、写本がその時点で作られたとしても数冊であろう。

現存する最古の写本は南北朝時代のもので、一三七一年（南朝：建徳二年、北朝：応安四年）から翌年にかけて、真福寺の僧・賢瑜《けんゆ》によって写された。

これを「真福寺本古事記三帖」といい、国宝となっている。写本であるからその元となるものがあったわけだが、それは上・下巻が「大中臣定世本」で、中巻が「藤原通雅本」だとこの「真福寺本」には記されている。写本が完成した後、その元となった本は散逸してしまったらしい。ますます、他の古史古伝と同じではないか。

この「真福寺本」から派生したものが、「伊勢本系統」と呼ばれ、それとは別に室町時代後期に作られた「卜部兼永《うらべかねなが》自筆本」を元にした「卜部本系統」もある。

最古の写本でも、和銅五年から六六〇年も過ぎた時点でのものだ。この間に藤原一族の栄華があって、源氏と平家の戦いがあって、平清盛の全盛期があり、鎌倉幕府ができて、それが滅びて建武の新政があって、南北朝時代という歴史があった。

戦乱があり、他にも地震など天災や火事もあったであろうから、オリジナルが消失していても不思議ではない。オリジナルからの第一次写本、それを書き写した第二次写本と、何代もの写本があったはずだ。だが、その証拠はない。

最大の謎は『日本書紀』との関係

『古事記』が偽書ではないかとの疑いは、江戸時代にすでに論じられていた。そのなかでも有名なのが、江戸時代中期の国学者賀茂真淵《かものまぶち》の説で、弟子の本居宣長宛の書翰で、偽書ではないかと指摘している。

偽書説には、大きく二つある。序文のみが偽書とするものと、本文も偽書だとするものだ。

なぜ偽書だという説があるのかというと、これだけの歴史書でありながら、すぐ後に編纂された『日本書紀』が、この『古事記』をまったく無視していることと、その後の時代の「正史」とされる『続日本紀《しょくにほんぎ》』にも『古事記』についての記事がないこと、さらに平安時代まで他の文書に『古事記』のことが書かれていないことだ。稗田阿礼についても、他に何の史料もない。

つまり、『古事記』が完成してから数百年にわたり、この史書について書かれた文献が存在しないのだ。無視されているのはもともと存在しないからではないか、という疑いがあるわけだ。

同時期になぜ『古事記』と『日本書紀』の二種類の歴史書が作られたのかも謎とされている。そういうわけで、もしかしたら、『古事記』は、『日本書紀』よりもずっと後に作られたのではないかとの説は、それなりに成り立つ。

では、なぜ『日本書紀』は信頼できて、『古事記』は疑わしいのかというと、『日本書紀』については、その後の歴史を菅野真道《すがののまみち》らが編纂した、延暦十六年（七九七）完成の『続日本紀』に、『日本書紀』が編纂されたとの記載があるからだ。それなのに、この奈良時代の正史にも、『古事記』が編纂されたとの記述はない。

「書かれている」のならば、存在したひとつの物的証拠となるが、「書かれていない」ことは存在しない状況証拠のひとつでしかなく、これだけで偽書だと決め付けるのは、ちょっと弱いのだが、疑わしいようではある。

序文が怪しい!?

内容の問題点としては、序文にある壬申《じんしん》の乱の記事が、この後に編纂されたはずの『日本書紀』に基づいているとか、本文には平安時代でなければ書けない記事があるなどの矛盾点が指摘されている。こうなってくると、「古史古伝」ものをあまり笑えなくなってくるではないか。

さらには、『古事記』は漢文で書かれているが、固有名詞については、いわゆる万葉仮名も使われていて、その用法が奈良朝以後のものであると指摘する学者もいるのだが、このあたりはかなりマニアックで、学者ではないと、よく分からない分野だ。

『古事記』は偽書ではないとする立場の学者も、序文については、少なくとも、後に付け加えられたのではないかと考えている人もいる。

これに対して『古事記』擁護派は、序文が怪しいからといって本文までも疑うのはいかがなものかとか、本文に平安時代でなければ書けない言葉があったとしても、それは写本段階で書き加えられた可能性があると、「弁護」する。このあたりの論理展開は、「古史古伝」擁護派と、なんとなく似ている。

序文が疑わしいということは、和銅五年に完成したのかどうかが疑わしいことになる。ここで、「本文は正しいが序文は偽書」という説はさらに分かれ、和銅五年よりも前に完成していたとする説と、もっと後に完成したという説になる。

ここでまたも問題となるのが、『日本書紀』の存在だ。なぜ、天武天皇の命令で同時期に二つの歴史書が作られたのか。さらに、この二つは大きなストーリーは同じでも、細部の違いが多いのはなぜか。

「神話」だから何種類もあるのだというのは後世の立場から言えることで、この時代は、どちらも「歴史」として書かれて読まれたわけだから、同じ国の歴史が二種類もあるのは不自然だ。これについては、『古事記』は天皇家の私的な記録で、『日本書紀』が公式記録だとするのが通説だが、なぜ、公私二種類が必要なのか、しかも内容が異なるのかの説明にはなっていない。

つまり、どちらかは天武天皇の命令で編纂されたのではないのではないか。

となると、成立の経緯において信頼性が置けるのは『日本書紀』のほうだというのが学会の定説のようである。ならば『古事記』は偽書なのか。

『古事記』はいつ完成したのか

もし序文が怪しいとなると、和銅五年に完成したというのが怪しくなる。いったい、いつ完成したのだろうか。

『日本書紀』は天武天皇の命令によって作られたとされるだけあって、天武天皇の時代の記録がいちばん詳しく、天武天皇の皇后で次の天皇となる持統天皇の代までが書かれている。それに対して『古事記』は、推古天皇の代で終わっている。ということは、『古事記』は推古天皇の時代に編纂作業が始まり、その死の直後に完成したのではないか。だから、その後のことは書かれていないのではないかという説が、とりあえず立てられる。

あるいは、平安時代にならないと書けないことがあるので、平安時代に書かれたのかもしれない。少なくとも、序文については、平安時代の九世紀初頭に書かれたとの説が有力のようだ。

『古事記』と『日本書紀』とで大きく異なるのが、出雲神話の扱いだ。『日本書紀』には出雲神話は描かれないが、『古事記』では神話部分のほぼ四分の一が出雲神話関連なのだ。一地方の歴史なので、正史である『日本書紀』では出雲神話は除外されたというのが合理的な解釈だが、ではなぜ『古事記』には書かれているのか。

両書において、キャラクターが大きく異なる人物がヤマトタケルだ。『日本書紀』では、父の景行《けいこう》天皇の命令に迷うことなく従って、日本各地を平定に行くが、『古事記』では迷える青年で人間味がある。

見つかった太安萬侶の墓

『古事記』偽書説の根拠のひとつが、編纂者の「太安萬侶」の存在がある。この人物は実在するが、『続日本紀』をはじめとする史書では、「太安麻呂」となっている。文字が違うのだ。自分の名を書き間違えるはずがないので、やはりこの序文を書いたのは別人だと主張された。写本段階で書き間違えられた可能性もあるが、たしかに不自然だ。

しかし、これについては、一九七九年に奈良市此瀬《このせ》町で、「太安萬侶」と書かれた墓誌銘が出土したので解決した。つまり、他の史書のほうが間違っていたかもしれないのだ。

というわけで、さまざまな説が唱えられたり否定されたりしながら、『古事記』偽書説はくすぶり続けているのだ。

この「日本最古の歴史書」と教科書に書かれているものが偽書かもしれないというのは、全国の古史古伝ファンにとっては勇気づけられることだろう。

Fake 25

ウラ・リンダ年代記

ヨーロッパにもある
「もうひとつの古代史」

キリスト教が支配する前の古代ヨーロッパ史

「古史古伝」は日本だけでなく、ヨーロッパにもある。

日本の場合は、ヤマト王権が支配する前に別の王朝があったのにそれが滅びてしまったため、その歴史が抹殺されたという前提になるが、ヨーロッパの場合は、キリスト教会が支配する前に高度な文明があったのに滅びてしまい、歴史が失われたというのが前提となる。

ヤマト王権やキリスト教会の前に別の権力があり、文化があったのではないかということ自体は、それなりに納得できる話だ。偽書の作者たちはそこにつけ込み、独自の奇想天外な歴史を捏造していく。

『ウラ・リンダ年代記』（「オエラ・リンダの書」ともいう）はそのひとつだ。

フリーズ人の神話とは

オランダ北部の都市レーワルデンを中心とするフリースラント州は、フリーズ人が住んでいて、その地域の言語フリーズ（フリジア）語も公用語となっている。

一八七二年に出版された『ウラ・リンダ年代記』は、この地域のある家族の歴史をフリーズ語とオランダ語訳で出版したものだった。この書を翻訳して発行したのは、ヤン・ゲルハルドゥス・オッテマ（一八〇四～七九）というフリジア歴史文化協会のメンバー、つまりはアマチュアの研究者である。

オッテマによると――コルネリウス・オヴェル・デ・リンデ（一八一一～七四）という人物から、その家に先祖代々伝わる家族年代記を記したフリーズ語で書かれた手稿を見せられ、これを現代のオランダ語に翻訳して出版してほしいと頼まれた。

そのコルネリウス・オヴェル・デ・リンデが言うには――一八二〇年に大工をしてい

た祖父が亡くなった際、叔母がその遺産を相続し、その後に彼が相続した。その遺品の中に、十三世紀に書かれた文書、一族の年代記があった。その年代記が書かれたのは一二五六年と記されており、そこには単にリンデ家の歴史だけでなく、先史時代からの歴史、いや宇宙の始まりからの歴史も書かれていた。

その年代記によると――宇宙には、唯一にして世界の中心に存在するヴラルダという神がいた。このヴラルダは超越的な精神的な存在のようだ。万物はヴラルダによって創造され、ヴラルダはいたるところに内在している。キリスト教に似た一神教であるが、ヴラルダがいたるところに内在するというのは、日本の八百万の神みたいでもある。

ともかく、このヴラルダから原母神フリヤーが生まれ、そのフリヤーから生まれたのがフリーズ人だった。そしてこのフリーズ人のなかで高貴な家がリンデ一族であり、その家族の歴史が書かれたのが、『ウラ・リンダ年代記』というわけだ。

全体は六つの書で構成され、さらに五十三の節に分けられるという。最も古い書は「フライアの記」といい、紀元前二二〇〇年前後に書かれ、最後の「ヒデ＝ウラ・リンダ書簡」は一二五六年に書かれたということになっている。

また水没したとされる伝説の大陸、アトランティスについての記述もあり、こういう話が好きな人たちを喜ばせる。

この書が衝撃と喜びをもって受け入れられたのは、フリーズ人がローマなどよりも遥か昔に文明を持ち、独自の神話を持っていたことが「証明」されたからである。

もちろん、この文書が本物であった場合の話だ。

目立ちたがり屋が偽書を書いた

この文書は「リンデ家に太古から伝わる神話と歴史を、十三世紀に書いた」ということになっている。たしかに、文書の文字はアルファベットではなく、古代ゲルマン人が使っていたとされる、ルーネ文字に似た「古フリーズ文字」で書かれていた。紙も、いかにも古そうで、黄色っぽく変色していた。

ところが鑑定してみると、どうも文体がおかしかった。十三世紀頃の中世フリーズ語文法とはかなり異なる、発見された当時、つまり十九世紀に使われていた文体だったのだ。文字も十三世紀のフリーズ文字ではなく、十八世紀のものに近い。決め手となったのが紙だ。いかにも古色蒼然としていたが着色であり、近代になって機械ですかれた紙だった。

というわけで、『ウラ・リンダ年代記』はあっさりと偽書と判明した。これが一八七九年のことである。

神話は世界各地にあり、そのほとんどはフィクションである。その神話を書いた本は別に「偽書」ではない。『ウラ・リンダ年代記』の場合、「十三世紀に書かれたもの」として発表されたのに、そうではなかったので、偽書となる。

創作したのは翻訳・出版したオッテマ博士なのか。どうも、そうではないらしい。博士は最初に騙された人物なのだ。つまり、博士に文書を翻訳して出版してくれと持ち込んだ、リンデ自身が創作・製作したのだった。

コルネリウス・オヴェル・デ・リンデは海軍造船所の船大工棟梁という地位を得た大工だった。とてもまじめな性格の人物として知られていた。金に困っているわけでもなく、またこの文書の出版で大儲けしたわけでもなかった。

何のために偽書を作ったのかというと、ようするに、目立ちたがり屋だったらしい。まず、自分の家が由緒あるフリーズ人の貴族の末裔であると思い込んでしまった。そこで、架空の家紋を作り、それだけでは満足せず、一族の歴史も創作してしまったのだ。自分で「俺は貴族の末裔だ」と言っても相手にされないので、古文書を作り、それを発見するという大芝居を思いついたのである。

ここまでは、単なる人騒がせな出来事だった。

ところが、リンデが遺産から見つけたとする「写本」は偽書だったとしても、そこに書かれたことは真実ではないかと考える者が現れる。

「写本」という「紙」はモノなので、綿密に鑑定すれば何百年前の紙かが推定できる。しかしモノとしては「偽物」だと認定されたとしても、「書かれた内容」は真実だとの主張がなされるなど、二重、三重の構造になってくる。こうなると、最初に偽書を作った人物の思惑を超えて、偽書はひとり歩きをしていく。

ナチスが利用しようとした理由

二十世紀になると、ドイツに、『ウラ・リンデ年代記』は「真実の歴史を記したものだ」と主張する学者が現れたのだ。ドイツ民族至上主義者であり人種学者でもあるヘルマン・ヴィルトなる人物である。

『ウラ・リンダ年代記』が偽書であることは実証されていたが、ヴィルトはそれを逆手に取り、文法や紙が十三世紀のものではないことについては、何度か書き写されたためだと主張して、発見者で捏造者とされていたコルネリウスを弁護した。この時点ではコルネリウスはとっくに亡くなっており、ヴィルトは何の利害関係にもない。コルネリウスを弁護し、『ウラ・リンダ年代記』が本当に十三世紀に書かれたものだと主張しても、彼は経済的利益を得るわけではないので、ヴィルトを信用してしまう者もいた。

ヴィルトはヒトラーのナチスが政権を獲得した一九三三年に、『ウラ・リンダ年代記』をドイツ語に翻訳して出版した。そして、『ウラ・リンダ年代記』は、ユダヤ人の『旧約聖書』よりも古いものであり、こういう文書があるのは、ゲルマン民族のほうがユダヤ人よりも先に文明を切り拓いていた証拠だとした。つまり、ユダヤ人は劣っているというナチスの主張に正統性を与える材料を提供したのだ。

ナチス幹部のなかで『ウラ・リンデ年代記』を支持したのがハインリヒ・ヒムラー（一九〇〇〜四五）だった。親衛隊や秘密警察ゲシュタポの統率者である。ヒムラーはヴィルトを長官にして「ドイツ先祖遺産（アーネンエルベ）」、古代知識の歴史と研究協会」を創立した。これはナチスの公的な研究機関で、先史時代や神話時代は、「北欧人種」（ドイツ人）が世界を支配していたことを証明することを目的とした。通称「アーネンエルベ」と呼ばれ、ナチスのオカルト研究の本拠地にもなる。

しかしナチス党内のもうひとりのオカルト信者の幹部、アルフレート・ローゼンベルク（一八九三〜一九四六）は『ウラ・リンデ年代記』を信憑性がないと否定した。

さらには、コルネリウスの遺品から当時の紙に書かれた「続編」の原稿が発見され、改めて『ウラ・リンダ年代記』が、コルネリウスの創作だと証明され、「偽書」であることは、常識となった。

『シオン賢者の議定書』のように、実害は与えなかったが、この偽書もドイツのヒトラー政権に影響を与えかけたという点では、忘れてはならない。

自分の民族が他の民族よりも優秀で、先に文明を築いていたという話は、国粋主義者としては自尊心がくすぐられ、とても居心地のいい思想だ。もちろん、自民族に誇りを持つことそのものは悪いことではないが、排外主義につながりやすいので、そういう話に飛びつく政治家には注意しなければならない。

第四部

SFのような偽書群

フィクションは偽書ではない。しかし、どう考えてもフィクションであるものも、「真実の書」として刊行されたら、それは偽書となる。

ヒマラヤの地下にある僧院には宇宙と地球の歴史を密かに伝える人びとがいて、ムー大陸が実在し、空飛ぶ円盤で渡来した宇宙人と会話し、聖徳太子は未来を予知できる。そういう話を、フィクションではなく、ノンフィクションとしてまじめに書いていた人びとがいる。

それを荒唐無稽と一蹴するのではなく、もしかしたら本当かもと思ったが最後、あなたはフェイクの世界から脱出するのは困難だ。

なぜなら、これらは事実とは認定できないかもしれないが、偽書だという証拠もない。信じてしまえば、事実となってしまう。

ここにある偽書はSFとして書かれたのなら一級品かもしれない。なぜその才能を純粋なフィクションの創作へと向かわせず、偽書作りに夢中になったのか。フェイク・ヒストリーよりも、作り手たちのヒストリーも気になるところだが、偉大なるクリエーターになったかもしれない彼らについてはよく分からない。なにしろ、「創作」したと名乗らないのだから。

Fake

26

秘密の教義《シークレット・ドクトリン》

ナチス・オカルティズムの原典

宇宙はこうしてできた

ヒマラヤの地下に僧院があり、そこで「センザール」なる文字で書かれた文書があった。その文書を守っているのは、宇宙と地球の歴史を密かに伝える人びとだった。その文書を、『ヅヤーンの書』という。「ジャンの書」「ドジアンの書」とも表記される。スペルはDzyan。

この文書を見せてもらったブラヴァツキーという女性は、この文書を翻訳し、注釈をつけて『秘密の教義』なる書を出版した。一八八八年、ロンドンでのことである。

この書こそ、ナチス・ドイツのオカルト的世界観の原典である。
ヒトラーは『シオン賢者の議定書』を利用するだけでなく、このようなオカルトっぽい本も利用していったのだ。

『秘密の教義』を書いたブラヴァツキーは一八三一年にウクライナで貴族の家に生まれたという。アメリカに渡って心霊主義運動にのめりこんだ。彼女は霊界と接触できる才能の持ち主で降霊術を得意とし、スピリチュアルの世界での有名人になっていく。神智学協会を設立すると、多くの信奉者を得ていった。しかし、一八八四年にすべてインチキだと暴露され、彼女が創設した神智学協会は危機を迎えた。

しかし彼女は諦めない。その時期に発行されたのが『秘密の教義』だった。

この書は「宇宙創世記」と「人類創世記」の二部構成となっている。それによると、まず宇宙には七つのサイクルがあったとされる。

人類には七種類あり、北方の空間に住む第一人類に始まり、かつて北極にあった大陸に住む芽体によって分裂する第二人類、レムリアに住む卵生で両性具有の第三人類、アトランティスに雌雄生殖する第四人類、そして現在は第五人類の時代なのだそうだ。生物の進化の歴史を「人類」に置き換えているだけのような気がするが、そういうことにしておこう。

いまは人類が霊的下降から上昇に転じる転換期にあるのだが、それを邪魔しているものがある。それが、第三人類の下層（それぞれの人類はさらにいくつかに分類される）人類である第四亜種だそうで、彼らは獣と交合したため、半獣半人が生まれてしまった。第四人類のなかにも下層人種がいる。そうした亜種は断種すべきである。そうでないと、人類は霊的に高いところに到達できない。その亜種とはアーリア人ではないものである。

というわけで、この宇宙の歴史・人類の歴史は人種差別を肯定する選民思想だったのである。ダーウィンの進化論が意図的に歪曲されて、社会ダーウィニズムとなり、さら

『シークレット・ドクトリン 第三巻(上) 科学、宗教、哲学の統合』 H・P・ブラヴァツキー著、加藤大典訳、文芸社、二〇一六年

『シークレット・ドクトリン』は大著で、日本語訳の全訳はまだない。宇宙パブリッシングから刊行された第一巻『宇宙発生論《上》』と、この第三巻（上）が入手しやすい日本語訳である。すべてをひとりで創作したのだとしたら、すごい才能だし、とんでもない労力を費やしたことになる。

に別の流れから優生学も発達していた時代の気分に合っていた。

ブラヴァツキーが自分の思想を書いただけならば、『秘密の教義』は「偽書」ではない。しかし、彼女はヒマラヤの僧院で見たものを翻訳したと称している。となると、これも「偽書」と言わざるをえない。そのヒマラヤの僧院にあるオリジナルは公表されていないので、実在するのかどうかさえ怪しい。

霊的なものと交信して知ったことだと言えば、偽書ではないのだが、もっともらしく装うために、秘密の文書なるものが創作されたのであろう。

ブラヴァツキーが創設した神智学協会はいまも活動しており、日本にも支部があり、彼女の著作は日本語にもなっているが、『秘密の教義』はまだ全訳されていない。

「オカルトの母」とも言えるブラヴァツキーを信じる信じないは、その人の自由ではあるが、それが悪用されて、ナチスの教義に影響を与えたことは知っておいたほうがいいだろう。

Fake

27

未来記

聖徳太子が記した予言の書

謎の人物、聖徳太子

聖徳太子は実在しなかったという説もあるほど、この人物は謎に包まれている。もっとも、古代史に出てくる人物は疑い出したらきりがないのではあるが。

この聖徳太子が未来を予言しており、それを書き記した『未来記』なる書物があることは、昔から伝わっている。

「未来」のことを予言した書なので、その記述が正しいかどうかを論争しても、あまり意味はない。本当に聖徳太子がそう予言し、当時の人間によって書かれたかどうかが、偽書か否かのポイントとなる。

そうはいっても、どんな未来が書かれていたかも、気になるところだ。

そもそも聖徳太子が未来を予知したということは、『日本書紀』に「兼知未然（兼ねて未然を知ろしめす、兼ねて未だ然らざるを知ろしめす）」とあるのが、根拠となっているようだ。

しかし、ここには具体的にどんな未来を予知したのかは記されていない。

歴史文献のなかに『未来記』が具体的に登場するのは、鎌倉時代に成立した『平家物語』巻八「山門御幸」、後白河法皇が平家の手から逃れるため法住寺殿を抜け出すところとされる。「彼聖徳太子の未来記にも、今日の事こそゆかしけれ」とある。

鎌倉時代には『未来記』のことは知られていたのである。

南北朝時代を描いた『太平記』の巻六「正成天王寺の未来記披見の事」には、楠木正成が、『未来記』を見た場面が描かれている。

楠木正成は、隠岐に流された後醍醐《ごだいご》天皇の呼びかけに呼応して挙兵したわけだが、はたして勝てるかどうかは分からない。そこで、四天王寺に戦勝祈願をするために詣でると、その寺に寺宝として伝わる聖徳太子の予言書があり、見せてもらった。

そこには鎌倉幕府の滅亡と後醍醐天皇の勝利が予言されていた（「人王九十五代に当たり、天下一たび乱れて主安からず。この時、東魚来たりて四海を呑む。日、西天に没する三百七十余日、西鳥来たりて東魚を食う。」とあり、これが第九十六代天皇、後醍醐天皇の時代に世が乱れて、西の勢力が東を滅ぼすと解釈された)。楠木正成はこれを読んで自信を持って挙兵した。この話そのものが史実なのか伝説なのかフィクションなのか、はっきりしない。ましてや聖徳太子の予言書に本当にそう書かれていたのかも、まったく霧の中だ。

一説によると、楠木正成が四天王寺に行き、自分の部下たちに、聖徳太子が『未来記』にこう書いていると見せたのは史実なのだが、その『未来記』は、正成自身が捏造したものだという。部下が不安がっているので、聖徳太子が勝つと予言していると示すことで、団結を図り士気を高めようという戦術だったのだ。

『太平記』にある『未来記』は、したがって初めから偽書だったわけだが、では本当に聖徳太子が予言したものを記した文書はないのだろうか。

実は「ある」。というより、「あった」ことになっている。五十巻からなる大著『唐招提寺五十巻本未来記』が、聖徳太子の予言と注釈の書だったらしいが、散逸して現存しないとされている。

楠木正成の天王寺の『未来記』は、北畠親房《きたばたけちかふさ》の手紙にも言及されている「聖徳太子御記文」のことだとの説もある。

他にも、平安時代末期に法隆寺の地下から太子の予言が刻まれた石が出土したと記録があるし、鎌倉時代にも似たような予言が彫られた石碑出土の記録がある。いずれも、紙に書かれたものではないところがミソだ。その後、どうなったのか、何が書かれていたのかも、よく分からない。

『太平記』の時代に発見された『未来記』は、南朝の正統性を補完するような政治的意図が隠れているように思えるが、聖徳太子が日本の仏教史における重要人物だけあって、仏教の宗派間の争いにも持ち出されたことがある。

聖徳太子の予言だとする「天王寺瑪瑙記碑文」は禅宗を攻撃した内容だし、「日本国未来記」は日蓮宗や浄土真宗、時宗を攻撃している。

さまざまな予言

では、日本中で戦乱のあった戦国時代はどうか。

戦国時代の天文二十二年（一五五三）に編纂された『天文雑説』という、さまざまな説話、逸話をまとめた書物には、「天王寺未来記事」と題された項目があり、そこには聖徳太子の『未来記』が天王寺にあるという伝説が昔からあるとし、寺に問い合わせた話が載っている。寺の回答は、「最近は拝見していないが、伝来していることは確実で、収めた箱が伝わっている。たやすく見ることもできず、収めたまま」というものだった。そして楠木正成が見たというのなら、そうであろうとの見解を示した。

「ない」とも断言しないし、「見た」とも言わない。曖昧なままである。

この『天文雑説』には聖徳太子以外の人物による予言についても書かれている。なんでも、天台宗の最澄は歴代の天台座主の名を記した『未来記』を遺しており、歴代の座主は自分の名があるところまでを見て、その後については見ないのが慣例だったという。

ところが、『平家物語』に出てくる明雲は、自分がいつどのように死ぬかを読んでしまった。結果として、明雲《みょううん》は、木曾義仲《きそよしなか》が後白河《ごしらかわ》法皇を襲撃した「法住寺合戦」において斬り殺され、その首は西洞院川に投げ捨てられた。

『平家物語』も『太平記』も、それが成立した時点からみて過去のことを書いたものだ。したがって『未来記』の記述があったとしても、過去の出来事を、さらに過去の聖徳太子が予言していたというにすぎない。聖徳太子の時代に書かれた文書そのものが発見されない限り、予言したとは実証できない。

発見された『未来記』

ところが、江戸時代になると聖徳太子の『未来記』が発掘されるのである。発見したのは潮音という僧侶だった。それによると、『先代旧事本紀大成経』の六十九巻目が「未然本記」にあたるという。だが、これも現物が提示されたわけではない。日本の古代史における最も有名な人物だけあって、古来、聖徳太子に関する伝説は多い。

だが最近は聖徳太子の存在そのものについての疑いももたれているわけで、大昔のことは本当に分からないことばかりだ。

『未来記』と『未然記』とは別のものとの説もあり、謎が謎を呼ぶ。聖徳太子の予言のなかには、ある年に日本の都が壊滅するとも記され、それは計算すると、二〇一七年になるらしい。この予言が的中するかどうかは、この本が発売される頃には分かるだろう。

Fake

28

失われた大陸ムー

幻の古代文明の記録

ムー大陸ブームの始まり

「ムー大陸」ブームというものが、日本で一九七〇年代に起きた。そのきっかけとなったのが、ジェームズ・チャーチワード著『失われたムー大陸』の翻訳出版だった。

といっても、チャーチワードは戦前の一九三六年に八十四歳で亡くなっている。『失われたムー大陸』がアメリカで出版されたのは一九三一年。四十年近くたってから、日本ではブームとなったのだ。もちろん、その前から、日本でもムー大陸なるものは知られていた。

まずは、チャーチワードの『失われたムー大陸』だが、彼は英国陸軍の大佐だったと自称する人物。一八五一年に生まれ、一八六八年、十六歳で英国軍兵士としてインドに従軍した。そのとき、ヒンドゥー教の寺院の高僧が「ナーカル碑文」なる門外不出の粘土板を見せてくれた。そこには絵文字で何やら彫られていた。

さらに友人ウィリアム・ニーヴンがメキシコで見た石板にもナーカルと同じ絵文字があったことが分かる。そこでチャーチワードはこの絵文字を解読することにした。同じような絵文字はマヤのトロアノ絵写本、チベットのラサ記録にも記載されていたという。このように世界各地にあるということは、かなり巨大な文明があったのではないか。

チャーチワードの調査の結果、約一万二千年前に太平洋に大陸があり、そこにはかなり高度な文明があったことが判明した。イースター島やポリネシアの島々にある謎の石像のような遺跡は、滅亡を逃れた人びとが造ったものかもしれないともいう。

「ナーカル碑文」には、「ムー」と発音するに違いない文字が頻出していることから、この大陸を「ムー」と呼ぶことになった。

チャーチワードによると、ムー大陸には、太陽神の化身ラ・ムーを君主とした、白人が支配する超古代文明が繁栄していた。皇帝ともいうべき、ラ・ムーは、世界各地に植民地を持ち、それがウイグル帝国、ナイル帝国、インドのナガ帝国、マヤ帝国、アマゾンのカラ帝国などだった。

ところが何らかのことで神の怒りを買い、一万二千年前に大陸は一夜にして海底に沈没した。

このムー大陸はかなり巨大だったようで、ノアの洪水、エデンの園、イースター島遺跡、各種ポリネシア伝説、先史マヤ文明、先史アマゾン文明など、世界各地の神話・伝説と遺跡は、すべてムー大陸があった証拠なのだ。さらに、『旧約聖書』の「創世記」はムー大陸滅亡の記録であるとも主張する。

ムー大陸の嘘

どの程度の大陸かは分からないが、一夜にして沈むなんてことがありえるのであろうか。

太古の地球の太平洋上に大陸があったが沈んだと主張するだけなら、単なる珍説であり、「偽書」にはならない。『失われたムー大陸』が「偽書」に含まれるのは、「ナーカル碑文」やメキシコ、マヤなどに残る文書にもムー大陸の記録が書かれていたとするからだ。

チャーチワードはその著書で紹介した古代文献について、自分が翻訳したという部分しか発表せず、原典そのものは示していない。碑文なので持ち運べないとしても写真は撮れるはずだし、それがある場所を公表すればいいのだが、それもしていない。

他の者によって発見されたマヤのトロアノ絵写本については、解読したところ、ムー大陸の記録などではなかった。また、チベットのラサ記録はそのものが偽造文書だと判明する。

何よりも単純にウソと判明したのは、チャーチワードの経歴である。英国陸軍大佐と自称していたが、英国陸軍の記録のどこにも彼の名はなかったのだ。

こうして、チャーチワードの幻のムー大陸はフィクションに近いことが判明した。実際のところ、十九世紀終わりの時点では海底調査も進んでいなかったが、今日では太平洋に巨大大陸があった痕跡は見つかっていない。

ムー大陸の存在は、まず地球物理学の観点から科学的に完全に否定されているのだ。仮に、かつて大陸があったとしても、それが一夜にして沈むことなどはありえないというのが、現代科学の結論である。小松左京のＳＦ『日本沈没』にしろ、日本列島が沈没するのに数カ月がかかることになっている。

アトランティス大陸との関係

ムー大陸と並び、海に沈んだ大陸として有名なのがアトランティスだ。

なにせ噂の出所がかの有名な古代ギリシャの哲学者プラトンである。その著書『ティマイオス』と『クリティアス』に、アトランティスなる大陸が一夜にして没した伝説が出てくる。プラトンが直接見たわけではなく伝聞の伝聞で、エジプトの神官がそう話していたという。

どうも大昔から沈んだ大陸の話は人びとの興味を惹いていたのだろう。

当然ムー大陸こそが、アトランティスの末裔《まつえい》である、という話が出てくる。誰もが思いつく話だ。

どちらも存在したというたしかな証拠はないが、アトランティスが先にあり、その末裔が逃げた先がムー大陸で、そこもまた沈んでしまったらしいという説もあれは、ムー大陸が先にあり、アトランティスはその文明の末裔なのだという説もある。

日本人とムー大陸のつながり

ムー大陸は『竹内文献』にも登場する。

『竹内文献』の解説書のひとつ、『天国棟梁天皇御系図宝ノ巻き前巻・後巻』（児玉天民著、太古研究会本部）は昭和十五年に刊行されたものだが、そこには、ウガヤフキアエズ王朝六十九代の神足別豊鋤《かんたるわけとよすき》天皇の代に「ミヨイ」、「タミアラ」という大陸が陥没したとあり、これがムー大陸のことらしい。

これらの島には、白人・黒人・赤人・青人・黄人の五色人と、王族である黄金人が暮らしていたが、天変地異で島が沈んだため、天の岩船で太平洋沿岸域に避難した。じつは、「ノアの方舟」でおなじみの世界的大洪水は、この「ミヨイ」「タミアラ」の水没の影響なのだ。

そして、生き延びた黄金人の子孫が、他ならぬ、日本の天皇家なのである。したがって、日本は、かつて世界を支配したムー大陸の正統な子孫なのだ。

もちろんこれを実証する文献も科学的な根拠もない。

だが、アルフレート・ヴェーゲナーが提唱した「巨大な大陸があり、それが分裂して、いまの大陸になった」という大陸移動説を借用して、このもとの大陸こそがムー大陸だという解釈も生まれている。

また、大陸はなかったが、環太平洋文明としてのムー文明は存在したという説もあり、科学の発展とともにムー大陸は手を変え、品を変えて海中から浮上してくるのだ。

『失われたムー大陸　太平洋に沈んだ幻の大帝国』ジェームズ・チャーチワード著、小泉源太郎訳、大陸書房、一九六八年

版元の大陸書房は、ムー大陸から取られた社名で一九六七年に創業し、ムー大陸やUFO、四次元の世界についての本を数多く出し、当時の中高生男子の一部を熱狂させた。しかし、八〇年代に入ると経営が悪化し、セルビデオに活路を見出して一時は成功したが、九二年に破産した。

Fake

29

空飛ぶ円盤実見記

宇宙人と遭遇した男の実録

宇宙人遭遇記の元祖

地球外生命体の存在を一〇〇パーセント否定する人は、あまりいない。しかし、その異星人が空飛ぶ円盤に乗ってやって来た宇宙人であるという話になるまでには、かなりの飛躍が必要だ。

ポーランド系アメリカ人ジョージ・アダムスキは、宇宙人と遭遇したと書き続けた人である。それは、個人の単なる妄想の域を超えて、「宇宙人遭遇記」というジャンルを作るまでになった。

アダムスキは一八九一年にポーランドで生まれ、九三年に一家はアメリカのニューヨークに移住した。成人して陸軍に入るが、その経歴は謎の部分が多い。

一九四九年に『宇宙のパイオニア』というSF小説を書いて出版された。この時点ではフィクションの作家だったのだ。フィクションであれば、宇宙へ行こうが宇宙人と遭遇しようが、誰も「偽書」だとは批判しない。

最初の「ノンフィクション」は、一九五三年の『空飛ぶ円盤実見記』である。それによると、アダムスキは一九五二年に空飛ぶ円盤に遭遇し、写真を撮影したという。この本がベストセラーになったことで、彼の人生は変わってしまった。その後も『空飛ぶ円盤同乗記』『空飛ぶ円盤の真相』などを次々と書いて、世界中を講演するのである。

アダムスキが亡くなるのは一九六五年、アポロ十一号が有人月面着陸する四年前のことである。

どんな遭遇だったのか

アダムスキの記述は、まるで小説のように具体的だ。

時は一九五二年十一月二十日、ところはモハーヴェ砂漠、その日、アダムスキは友人やジョージ・H・ウィリアムスン夫妻と一緒にいた。すると、巨大な円筒形状の飛行体が出現し、その飛行体から銀色の円盤が出て来て着陸した。アダムスキがひとりで歩いていくと、ひとりの宇宙人に遭遇した。

その宇宙人は金星人で、核実験への懸念をアダムスキに伝えたという。仲間は双眼鏡でアダムスキと金星人の会見の様子を観察していた。翌月の十二月十三日、アダムスキは円盤の写真撮影に成功した。

現在、金星は大気が濃く、その大気圧と温室効果による高温で、生命の存在の可能性は否定されている。だが、一九五〇年代は、金星には大気が存在するようなので生命のいる可能性が高いとされ、火星に先駆けて探査計画が立てられ、アメリカのマリナー二号による金星探査が行なわれた。つまり、最初にアダムスキの本が出た頃は、金星人の可能性は、けっこう高かったのだ。

その後もアダムスキは金星人や火星人、あるいは土星人にも会い、円筒形状の宇宙船に乗って月を一周した。月の裏側には谷があり、あるいは都市もあった。と、話はどんどん飛躍していった。

現在では、ほとんどの人が信用しないが、当時はまだ、誰も行ったことがない世界なので、当人が月の裏側に行ったと言い張れば、「ああ、そうですか」と応じるしかなかったのである。

その意味では、マルコ・ポーロの『東方見聞録』と似ている。しかし、マルコ・ポーロは日本には行かなくても、アジアにまでは到達していた。

アダムスキの場合は、すべて創作であろう。その後、太陽系の惑星のことが詳しく分かるようになり、火星人や金星人の存在は否定された。残念ながら、アダムスキの想像力は現実の前に敗北したのである。

『空飛ぶ円盤同乗記』
G・アダムスキ著、久保田八郎訳、高文社、一九六七年

『実見記』の続編で、ついにアダムスキは空飛ぶ円盤に乗ってしまった。こういう本を、六〇年代、七〇年代の中高生男子は興奮しながら読んでいたのである。こういう「事実」がありながらもテレビや新聞が報じないのは、政府が隠しているからだと思い込んでいた。

三十番目のフェイク――あとがきにかえて

「フェイクニュース」とか「ファクト・チェック」、あるいは「ポスト・トゥルース(post-truth)」という言葉を見かけるようになったのは、二〇一六年秋のアメリカ大統領選挙の頃からだ。

政治家は自分に有利な内容のフェイクを流すこともあるが、むしろ、敵にとって不利になる偽の情報を流布させる手段のほうが多い。だいたい噂というものは、悪口のほうが伝わりやすいのだ。

たとえば、二〇一一年五月二十日の夜、衆議院議員・安倍晋三は「メールマガジン」(と称しているが、登録した人へメールで配信されるのではなく、安倍のホームページで誰でも読めるものなので、実質的には「ブログ」)で、「菅総理の海水注入指示はでっち上げ」との見出しで、記事を公開した。当時は民主党の菅直人が首相で、東日本大震災と東京電力福島第一原子力発電所の事故から二か月が過ぎたころだ。

当時は原発事故についてこのように報じられていた――事故発生から一日後の三月十

二日夕方、原発を冷却するために水を注入しなければならないが、淡水がなくなったので海水を注入するしかないと、発電所の吉田所長は判断した。菅首相もそれを指示し、海水注入が行なわれた。しかし、安倍はこれを否定し〈福島第一原発問題で菅首相の唯一の英断と言われている「3月12日の海水注入の指示。」が、実は全くのでっち上げであることが明らかになりました。複数の関係者の証言によると、事実は次の通りです。〉として、こう書いた。

〈12日19時04分に海水注入を開始。同時に官邸に報告したところ、菅総理が「俺は聞いていない！」と激怒。官邸から東電への電話で、19時25分に海水注入を中断。実務者、識者の説得で20時20分注入再開。実際は、東電はマニュアル通り淡水が切れた後、海水を注入しようと考えており、実行した。しかし、やっと始まった海水注入を止めたのは、なんと菅総理その人だったのです。この事実を糊塗する為最初の注入を「試験注入」として、止めてしまった事をごまかし、そしてなんと海水注入を菅総理の英断とのウソを側近は新聞・テレビにばらまいたのです。これが真実です。菅総理は間違った判断と嘘について国民に謝罪し直ちに辞任すべきです。〉

これと同内容の記事が翌二十一日の讀賣新聞と産経新聞にも載り、衝撃のニュースとして伝えられた。菅首相サイドは中止を指示した事実はないと否定した。しかし、「内閣は自分に都合の悪いことを隠している」という先入観が人びとの間にはあるので、なかなか信じてもらえない。これをきっかけに野党・自民党の倒閣運動が盛り上がっていった。

その後の国会の事故調査委員会などでは、実際は海水注入は中断されていなかったこと、菅首相は中止命令を出していないこと、吉田所長に中止するよう伝えたのは「総理官邸にいた東電の幹部」で彼が勝手に判断したものだったこと、そもそも海水注入が開始されていた事実が首相には報告されていなかったこと、メルトダウンは海水注入開始前にすでに始まっていたことなどが判明している。つまり、安倍が「複数の関係者」から得た情報はすべて虚偽だったのである。おそらくは同じ情報源に基づいて記事を書いた讀賣新聞と産経新聞も誤報だったことになる。

このフェイクニュースは菅内閣にとって大きなイメージダウンとなった。説明しても「言い訳」としか受け取られなかったのだ。

六月二日に自民党から内閣不信任決議案が提出され、民主党内では小沢一郎が同調する動きを見せたが、菅首相が民主党の代議士会で「一定の目処がついたら若い人に責任を引き継ぐ」と発言したことで、内閣不信任決議案は否決された。菅内閣は九月に総辞職し、野田内閣となり、翌二〇一二年十二月に衆議院が解散され、同年九月に安倍晋三が総裁となっていた自民党が圧勝し、安倍は首相に返り咲いた。

二〇一三年七月に、菅直人は安倍が虚偽の内容のメールマガジンを書いたことは名誉毀損にあたると裁判を起こした。その結果、二〇一五年十二月三日に東京地方裁判所は、安倍のメールマガジンが虚偽の内容であることは認定したが、名誉毀損には当たらないという判決を下した。菅は控訴したが、二〇一六年九月二十九日の東京高等裁判所の判決は一審と同じ、最高裁へ上告したが、二〇一七年二月二十一日に菅の敗訴が確定した。この過程で、安倍は菅の要求のひとつであった当該のメールマガジンの削除に応じているので、虚偽の内容だったことは自分でも認めている。

しかし、名誉毀損には当たらないということで菅が敗訴したことから、安倍は「完全勝利」したと、またもフェイクニュースを流し、それを受けて安倍の支持者たちは最高裁が安倍のメールマガジンの内容を正しいと認めたというフェイクニュースを流した。

さて——調べればすぐに分かることなので明らかにしておくが、私は菅直人氏と個人的に親しい。そんな奴が書くことなんか信用できないと思う方は、ぜひ、自分で確かめていただきたい。安倍のメールマガジンは現在は削除されているが、地裁、高裁、最高裁の判決文は公開されており、そこにメールマガジンの内容も書かれている。国会や政府の事故調査委員会の報告書も公開されている。これら第三者が事実として認定したことを精査すれば、安倍が二〇一一年五月二十日と、最高裁が控訴棄却した二〇一七年二月の二度にわたりフェイクニュースを流していることが分かるはずだ。

それにしても、二〇一一年五月に安倍に虚偽の情報を教えた「複数の関係者」とは誰なのか。内容からして東電か経産省の人間であろう。安倍に伝えた人物が虚偽と分かっていたのかどうかは分からないが、結果として、安倍は騙され、それによって国民の多くも騙されたのである。

安倍晋三という人物は、騙されやすい人なのだ。何者からか虚偽の情報を摑まされて拡散させる役割を担わされていた。そんな人物を内閣総理大臣にしていて、この国は大丈夫なのだろうか。


二〇一七年の国内政局は、森友学園と加計学園問題で終始した。国会では「総理のご意向」や「官僚の忖度」があったかをめぐり不毛な質問と答弁がなされていた。政治家や官僚たちは「ないことは証明できない」と開き直っていた。

そんなある日、ＫＫベストセラーズ編集部の鈴木康成氏と企画の件で話し、フェイクニュースが話題になり、「ないことの証明は難しい。そこにつけこんで、平気で嘘をつくひとがいる。嘘は嘘と認定されないかぎり、真実だから」という話になり、「偽書」と同じだと思った。

そして「偽書の本を作った」ことを思い出したのだ。その本とは、二〇一一年四月に刊行された『歴史の謎に迫る偽書』である。

この本は青春出版社の青春文庫の一冊として出されたもので、著者のクレジットは「歴史の謎研究会［編］」となっているが、原稿の制作と編集を担当したのは私だった。正確には、当時私が代表取締役を務めていた出版社、株式会社アルファベータで制作・編集を受注し、実務は私が担った。青春出版社が出している本で研究会名義のものは、編集プロダクションやライターが作るものが多く、この本もそのひとつだ（とはいえ、「歴史の謎研究会」名義の本の全てを私とアルファベータが請け負っているわけではない）。

この本に鈴木氏が興味を示し、さっそく読んでくれ、「これは面白いです」と連絡をくれた。そこで、「作り直そうか」という話になった。

青春文庫版では二十四の偽書を紹介したが五つ増やして二十九とし、さらに全体の構成も改めた。既存の二十四についても見直してかなり手を入れたので、まったく別の本に生まれ変わったと言っていい。「歴史の謎研究会」という名義は青春出版社のものなので、著者名は私個人にした。

新版を作るにあたり調べ直し、読み直しているとき、何度も頭がクラクラとしてきた。それと同時に懐かしくもあった。

私の中学時代、つまり一九七〇年代前半には、怪しげな本がまともな本の装いでたくさん出ていた。世界各地の古代遺跡は太古の時代に異星人が地球を訪れたときのもので、人類は「彼ら」によって作られたのだと、真面目な筆致で書かれている本には興奮した。UFOやムー大陸の本はクラスメートの間で貸し借りされて、男子の大半はその存在を信じていた（女子とはこういう話題で話した記憶がない）。

さらにマニアックなものとして、「地球空洞説」というのもあった。私たちが暮らしている大地の裏側にあたる空間には、別の人類が暮らしていて高度な文明があり、UFOは彼らの乗り物だというのだ。

UFOが月の裏側にある宇宙人の基地から来るのか、北極にある地球内部への空洞の出入り口から来るのかと、雨の日の昼休みなど、クラスメートたちと真剣に論じあったものだ。

やがて五島勉著『ノストラダムスの大予言』が一九七三年の暮れに出て、七四年になると大ベストセラーとなった。UFOやムー大陸にそろそろ胡散臭さを感じていた私たちは、これに飛びついた。なにしろノストラダムスは実在した人物なのだから、UFO

やムー大陸に比べれば、はるかに信頼性が高かった。

私の世代には、五島勉が解釈したノストラダムスの予言、「一九九九年七月に人類が滅亡する」を信じて大人になった者は多く、その一部がオウム真理教に入った。

「ＵＦＯが実在しない」ことを証明するのが困難なように、「予言が当たらないこと」も証明は困難だ。一九九九年七月三十一日が終わるまで、頭の片隅には、一九九九年に人類が滅亡するかもという思いが常にあった。

いま国会で答弁している局長クラスの官僚たちは同世代なので、頭のなかに「ないことは証明できない」「ないと証明できない限りは、ある可能性がある」という考え方が刷り込まれているのだろう。だから、彼らは普通の感覚では信じられないことでも平然と語れる。

昭和三十年代生まれは、偽書に育てられた世代なのだ。その世代が、こんにちのフェイク社会のベースを作ったという見方もできる。

かつてＵＦＯ同乗記に夢中になった中学生のひとりとして、偽書が信用されてしまうメカニズムについて、少しでも多くの方に知っていただきたいと、あらためて思う。

中川右介

参考文献（順不同）

『危険な歴史書「古史古伝」――〝偽書〟と〝超古代史〟の妖しい魔力に迫る！』別冊歴史読本、新人物往来社
『古史古伝の謎』別冊歴史読本、新人物往来社
『徹底検証古史古伝と偽書の謎――「偽り」と「謎」が織りなす闇の歴史を暴く！』別冊歴史読本、新人物往来社
『日本奇書偽書異端書大鑑』別冊歴史読本、新人物往来社
『闇の日本史　古史古伝書』佐治芳彦著、EICHI MISTERY BOOK・英知出版
『古史古伝入門――正史に埋もれた怨念の歴史』佐治芳彦著、トクマブックス、徳間書店
『日本超古代史が明かす神々の謎――「古史古伝」が告げる日本創成の真相』鳥居礼著、日本文芸社
『偽史と奇書の日本史』佐伯修著、現代書館
『偽史冒険世界――カルト本の百年』長山靖生著、ちくま文庫、筑摩書房
『日本の偽書』藤原明著、文春新書、文藝春秋
『偽書「東日流外三郡誌」事件』斉藤光政著、新人物文庫、新人物往来社
『捏造の世界史』奥菜秀次著、祥伝社黄金文庫、祥伝社
『ウソの歴史博物館』アレックス・バーザ著、小林浩子訳、文春文庫、文藝春秋
『人はなぜ歴史を偽造するのか』長山靖生著、光文社知恵の森文庫、光文社
『偽書『武功夜話』の研究』藤本正行著、鈴木眞哉著、新書y、洋泉社
『「武功夜話」異聞――偽書『武功夜話』の徹底検証』勝村公著、批評社
『禁断の古史古伝　九鬼文書の謎――失われた古代史の記憶』佐治芳彦著、リュウ・ブックスアステ新書、経済界

『「竹内文書」の謎を解く——封印された超古代史』布施泰和著、成甲書房
『超図解　竹内文書——地球３０００億年の記憶』高坂和導著、超知ライブラリー、徳間書店
『謎の根元聖典　先代旧事本紀大成経』後藤隆著、超知ライブラリー、徳間書店
『教科書には絶対書かれない古代史の真相』松重楊江著、中原和人著、たま出版
『検証！捏造の日本史』松重楊江著、たま出版
『ハレスはまた来る——偽書作家列伝』種村季弘著、青土社
『歴史人物・意外な伝説』泉秀樹監修、ＰＨＰ文庫、ＰＨＰ研究所
『「古史古伝」異端の神々——太古日本の封印された神々』原田実著、ビイングネットプレス
『トンデモ日本史の真相』原田実著、文芸社
『トンデモ偽史の世界』原田実著、楽工社
『トンデモ本の世界』と学会編、洋泉社
『ザ・ホークス——世界を騙した世紀の詐欺事件』クリフォード・アーヴィング著、三角和代訳、ハヤカワ文庫ＮＦ、早川書房
『ショスタコーヴィチの証言』ソロモン・ヴォルコフ編、水野忠夫訳、中公文庫、中央公論社
『ショスタコーヴィチ　ある生涯』ローレル・Ｅ・ファーイ著、藤岡啓介・佐々木千恵訳、アルファベータ
『鼻行類——新しく発見された哺乳類の構造と生活』ハラルト・シュテュンプケ著、日高敏隆訳、羽田節子訳、平凡社ライブラリー、平凡社
『秘密の動物誌』ジョアン・フォンクベルタ著、ペレ・フォルミゲーラ著、荒俣宏監修、管啓次郎訳、ちくま学芸文庫、筑摩書房

『『新約聖書』の誕生』加藤隆著、講談社学術文庫
『キリスト教史』藤代泰三著、講談社学術文庫
『死海写本』土岐健治著、講談社学術文庫
『死海文書　聖書誕生の謎』和田幹男著、ベスト新書
『聖徳太子「未来記」の秘予言』五島勉著、青春出版社
『偽書の精神史』佐藤弘夫著、講談社選書メチエ
『偽書と奇書が描くトンデモ日本史』原田実監修、オフィステイクオー著、実業之日本社
『定本　シオンの議定書』四王天延孝原訳、天童竺丸補訳・解説、成甲書房
『わが闘争』アドルフ・ヒトラー著、平野一郎・将積茂訳、角川文庫
『東方見聞録』マルコ・ポーロ著、青木富太郎訳、社会思想社・現代教養文庫
『シェイクスピア贋作事件――ウィリアム・ヘンリー・アイアランドの数奇な人生』パトリシア・ピアス著、高儀進訳、白水社
『伊藤律の証言　その時代と謎の軌跡』川口信行、山本博著、朝日新聞社
『伊藤律回想録　北京幽閉二七年』文藝春秋
『成吉思汗の秘密』高木彬光著、光文社
『贋作ショパンの手紙　デルフィナ・ポトツカへ宛てたショパンの〝手紙〟に関する抗争』イェージ・マリア・スモテル著、足達和子訳、音楽之友社
『失われたムー大陸　太平洋に沈んだ幻の大帝国』ジェームズ・チャーチワード著、小泉源太郎訳、大陸書房
『空飛ぶ円盤実見記』G・アダムスキ著、久保田八郎訳、高文社

『空飛ぶ円盤同乗記』G・アダムスキ著、久保田八郎訳、高文社
『シークレット・ドクトリン　第三巻(上)　科学、宗教、哲学の統合』H・P・ブラヴァツキー著、加藤大典訳、文芸社

撮影　平山訓生

著者略歴

中川右介（なかがわ ゆうすけ）

作家、編集者。1960年東京都生まれ。早稲田大学第二文学部卒業。出版社勤務の後、アルファベータを設立し、代表取締役編集長として雑誌『クラシックジャーナル』、音楽家や文学者の評伝や写真集の編集・出版を手掛ける（2014年まで）。その一方で作家としても活躍。クラシック音楽の他、歌舞伎、映画、歌謡曲、漫画、ミステリなどにも精通。膨大な資料から埋もれていた史実を掘り起こし、歴史に新しい光を当てる執筆スタイルで人気を博している。著書に『ヒトラー対スターリン　悪の最終決戦』（ベスト新書）、『悪の出世学　ヒトラー、スターリン、毛沢東』『カラヤンとフルトヴェングラー』（幻冬舎新書）、『冷戦とクラシック』（NHK出版新書）、『戦争交響楽』『阿久悠と松本隆』（朝日新書）、『山口百恵』『松田聖子と中森明菜』（朝日文庫）、『江戸川乱歩と横溝正史』（集英社）、『歌舞伎 家と血と藝』（講談社現代新書）、『角川映画1976-1986』（角川文庫）など多数。

世界《せかい》を動《うご》かした「偽書《フェイク》」の歴史《れきし》

2018年1月25日　初版第一刷発行

著者　中川右介《なかがわゆうすけ》

発行者　栗原武夫

発行所　KKベストセラーズ
〒170-8457 東京都豊島区南大塚2-29-7
電話 03-5976-9121
http://www.kk-bestsellers.com/

印刷所　錦明印刷

製本所　積信堂

DTP　三協美術

装丁　竹内雄二

 ISBN 978-4-584-13838-0 C0095